为昆山发声　让精彩发生

U0721957

因融而革

昆山市融媒体中心建设实践

5年融合改革发展历程见证县融蝶变

昆山传媒智库有限公司　编

人民日报出版社

图书在版编目（CIP）数据

因融而荣：昆山市融媒体中心建设实践 / 昆山传媒
智库有限公司编. — 北京：人民日报出版社，2024.4
ISBN 978-7-5115-8240-9

Ⅰ. ①因… Ⅱ. ①昆… Ⅲ. ①传播媒介—建设—研究
—昆山 Ⅳ. ①G219.295.33

中国国家版本馆CIP数据核字（2024）第058506号

书　　　名：因融而荣：昆山市融媒体中心建设实践
　　　　　　YIN RONG ER RONG：KUNSHANSHI RONGMEITI ZHONGXIN JIANSHE SHIJIAN
作　　　者：昆山传媒智库有限公司

出 版 人：刘华新
责任编辑：梁雪云
特约编辑：林　薇
封面设计：文人雅士文化传媒

出版发行：人民日报出版社
社　　址：北京金台西路2号
邮政编码：100733
发行热线：（010）65369509　65369527　65369846　65363528
邮购热线：（010）65369530　65363527
编辑热线：（010）65369526
网　　址：www.peopledailypress.com
经　　销：新华书店
印　　刷：廊坊市海涛印刷有限公司
法律顾问：北京科宇律师事务所（010）83622312

开　　本：16开
字　　数：195千
印　　张：18.75
版次印次：2024年4月第1版　2024年4月第1次印刷

书　　号：ISBN 978-7-5115-8240-9
定　　价：106.00元

《因融而荣》编委会：

主　　编：杨报平　茅玉东

执行主编：李传玉　刘卫华

图片统筹：顾　洁

责任编辑：梁　吉　邹明阳　崔玉玲　景馨平　费姝涵

设　　计：吕挽澜　张　许　钱洁洁　范丹薇　邬　菲

昆山，永远值得期待（序）

宋建武

首先恭贺昆山市融媒体中心在第33届中国新闻奖评选中"花开两朵"。如果将获得中国新闻奖作为一个县级融媒的改革成果衡量指标，我觉得无可厚非。毕竟，在中国新闻界这个最高比拼平台上勇于亮相并取得重大突破，其背后正是融合的力量，也是对昆山媒体人不懈创新探索的一种回报。而且，唯有更多精品力作，才能将习近平总书记提出的"着力提升新闻舆论传播力引导力影响力公信力"的重大要求，在基层落地生根。

2018年8月，习近平总书记在全国宣传思想工作会议上发表重要讲话，指出"要扎实抓好县级融媒体中心建设，更好引导群众、服务群众"，从国家战略层面对县级融媒体中心（以下简称"县融"）建设提出了发展要求、指明了发展方向。5年多来，各地县融融合创新、各展身手，风起云涌、奇兵突击，探路前行、柳暗花明。主力军挺进主战场，县融已经成为一支重要的生力军。

作为中宣部重点联系推动、江苏省首批建设试点的县融，又因为置身"华夏第一县"，昆山的媒体融合发展过程自然吸引了业界的高度关注。

从2019年启动改革，到现在已经走过了5个年头。5年来，昆山市融媒体中心迈过了"物理融合""化学融合""人心融合"三个阶段，不仅解决了县融普遍存在的"钱从哪里来、机制怎么建、人心怎么融"三大痛点难题，并且不断实现跨界出圈，在深度融合中，不断做强新型主流媒体。

回望5年融合之路，昆山市融媒体中心主任左宝昌同我讲过，昆山融媒改革是在员工的笑脸中推进的，始终用"两个满意"（党委政府和人民群众是否满意）、"两个活力"（体制机制和员工活力是否释放）、"两个效益"（社会效益和经济效益是否齐头并进）来检验改革成效。目前看来，昆山市融媒体中心 5 年改革做到了这些。

"昆山现象"已经引发关注和思考。昆山市融媒体中心获得的当地市委、市政府政策支持，在全国同类媒体，包括同处苏南的县融中，都是罕见的，不仅有身份变革、薪酬改革、机制创新等一系列顶层设计，还有每年的财政补贴。全国县融人才流失是不争事实，但是，昆山市融媒体中心近年来不仅实现了队伍的稳定，还引进了来自大报、大台、大网的一大批优秀人才，人才的这种"逆向流动"，也值得我们探究。一个县融不断尝试新技术，首推 3D 数字人主播，进军元宇宙产业，开创了同类媒体的先河。而且，在新闻作品创优中，将中国新闻奖作为一个主攻目标，这种底气，也绝不是凭空而来。

答案也很容易找到。2022 年 9 月 9 日，中共中央宣传部《宣传工作》刊登了昆山市委书记周伟的署名文章《用融媒体中心为城市聚力赋能凝心铸魂》，这就是当地党委和一座城市对融媒体中心的定位和期待；让融媒体中心与一座城市匹配，就是昆山融媒人的奋斗目标。这 5 年来，肯定有很多辛酸、无奈、彷徨，有很多思考、探索、追问，当然，也有现在的成功、骄傲和幸福，这些都印证了那句话——"幸福都是奋斗出来的"。

媒体融合是一场大变革，是理念之变、技术之变、渠道之变、平台之变、用户之变、形态之变、跨界之变。县融如何在"守正"中不断"创新"，以一地之精彩为全域提供更多示范，昆山市融媒体中心值得期待。

【作者系中宣部媒体融合专家组成员，中国人民大学教授、博士生导师】

目录

第一篇章
领导关怀

扬帆起航，航标灯是方向，更是温暖的力量。

　　2021年11月8日是第22个中国记者节。昆山市委书记周伟（中）来到昆山市融媒体中心（昆山传媒集团）调研，向广大新闻工作者致以节日的问候，并勉励大家聚焦主责主业，坚持守正创新，全力打造主流声音洪亮、传播渠道多样、融合个性鲜明、管理科学规范的全国融媒体样板。

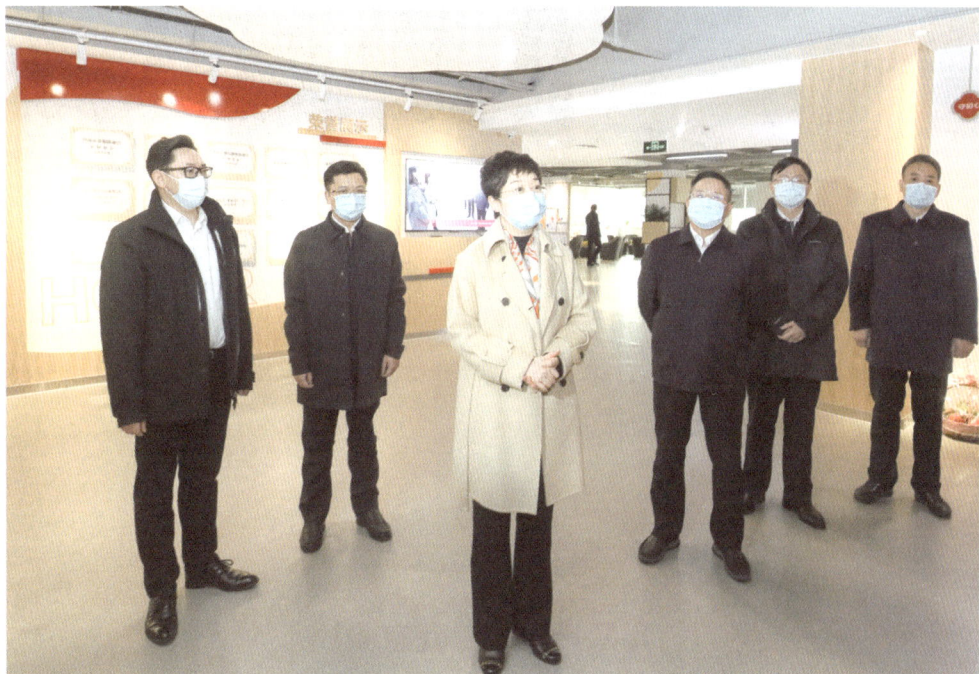

　　2022年1月30日，春节前夕，昆山市委副书记、市长陈丽艳（中）来到昆山市融媒体中心（昆山传媒集团），慰问新闻工作者，勉励大家不断创新报道形式，扩大影响力，让党委政府的声音"飞入寻常百姓家"，助推新时代"昆山之路"越走越宽广。

2021年4月21日，时任中宣部新闻局副局长赵旭雯（左二）一行来到昆山市融媒体中心（昆山传媒集团）调研。

2021年5月13日，中央广播电视总台内参舆情中心主任蔡小林（中）来昆山市融媒体中心指导工作。

2020年7月30日，时任江苏省委宣传部副部长、省政府新闻办公室主任杨力群（中）调研昆山市融媒体中心（昆山传媒集团）。

2023年2月8日，江苏省记协主席周跃敏（右二）来昆山市融媒体中心（昆山传媒集团）指导工作。

2019年8月12日，时任昆山市委书记杜小刚（右三）调研昆山市融媒体中心（昆山传媒集团）建设情况。

2020年5月11日，时任昆山市委书记吴新明（右三）调研昆山市融媒体中心（昆山传媒集团）。

2020年6月17日，吴克铨（左五）、郑慧珍（左七）、石泉中（右五）、夏梁鑫（左三）、张树成（左四）等老领导参观昆山市融媒体中心（昆山传媒集团）。

2020年6月22日，时任昆山市委副书记张月林（中）、副市长施伟华（左一）调研昆山市融媒体中心（昆山传媒集团）。

2021年3月5日，时任昆山市委副书记徐华东（中）到昆山市融媒体中心（昆山传媒集团）进行专题调研。

2020年5月19日，时任昆山市政协主席冯仁新（右二）调研昆山市融媒体中心（昆山传媒集团）。

　　2023年3月9日，昆山市政协主席管凤良（中）到昆山市融媒体中心（昆山传媒集团）调研考察。

　　2020年7月22日，昆山市委常委、市纪委书记华红（右三）到昆山市融媒体中心（昆山传媒集团）调研。

　　2020年2月24日，时任昆山市委常委、宣传部部长许玉连（右一）调研昆山市融媒体中心（昆山传媒集团）。

　　2020年11月30日，时任昆山市委常委、组织部部长杨帆（右一）调研昆山市融媒体中心（昆山传媒集团）。

2020年4月20日，时任昆山市委常委、统战部部长金健宏（右三）调研昆山市融媒体中心（昆山传媒集团）。

2022年9月8日，昆山市委常委、昆山开发区党工委副书记、管委会副主任徐敏中（中）走进昆山市融媒体中心（昆山传媒集团），录制"奋进新征程　建功新时代·非凡十年"区镇行大型新闻行动。

2021年12月16日，昆山市委常委、组织部部长、统战部部长孙勇（右二）来昆山市融媒体中心（昆山传媒集团）调研干部队伍和人才建设情况。

2022年9月21日，昆山市委常委、花桥经济开发区党工委书记、管委会主任李晖（中）走进昆山市融媒体中心（昆山传媒集团），录制"奋进新征程　建功新时代·非凡十年"区镇行大型新闻行动。

2020年11月30日，时任昆山市委常委、宣传部部长方雪华（中）率宣传部班子成员专题调研昆山市融媒体中心（昆山传媒集团）。

2020年5月27日，时任昆山市委常委、副市长岳晓楠（左三）到昆山市融媒体中心（昆山传媒集团）调研考察。

2021年11月30日，时任昆山市委常委、副市长胡健（中）到昆山市融媒体中心（昆山传媒集团）调研。

2022年9月16日，昆山市委常委、昆山高新区党工委书记孙道寻（左三）走进昆山市融媒体中心（昆山传媒集团），录制"奋进新征程　建功新时代·非凡十年"区镇行大型新闻行动。

　　2023年10月30日，昆山市委常委、宣传部部长丁成明（右二）到昆山市融媒体中心（昆山传媒集团）进行专题调研。

　　2020年6月4日，时任昆山市副市长张桥（左）调研昆山市融媒体中心（昆山传媒集团）。

2022年7月22日，昆山市副市长单杰（左二）调研昆山市融媒体中心（昆山传媒集团）。

2023年8月23日，昆山市副市长陈钊（右二）考察昆山传媒集团商贸公司电商直播基地。

　　2022年9月23日，昆山市政协副主席、昆山旅游度假区党工委书记宋德强（中）走进昆山市融媒体中心（昆山传媒集团），录制"奋进新征程　建功新时代·非凡十年"区镇行大型新闻行动。

第二篇章

数读融媒

每一串数字背后都有故事，每个故事都有一份感动，每一份感动都值得珍藏。

2

传播矩阵

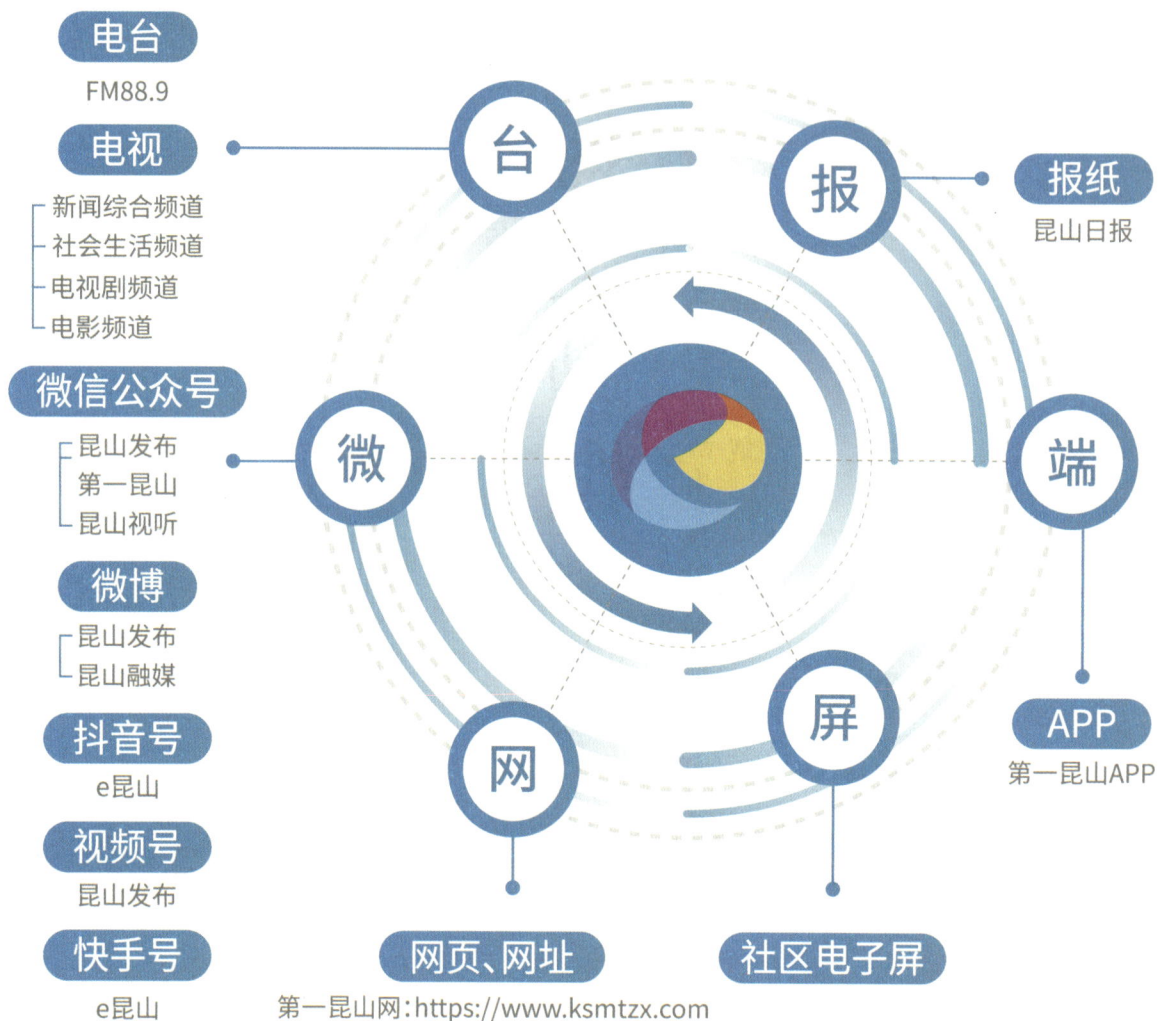

电台
FM88.9

电视
├ 新闻综合频道
├ 社会生活频道
├ 电视剧频道
└ 电影频道

微信公众号
├ 昆山发布
├ 第一昆山
└ 昆山视听

微博
├ 昆山发布
└ 昆山融媒

抖音号
e昆山

视频号
昆山发布

快手号
e昆山

报纸
昆山日报

APP
第一昆山APP

台　报　端　微　网　屏

网页、网址
第一昆山网：https://www.ksmtzx.com

社区电子屏

昆山日报
日发行量 **3.5万** 份

第一昆山 APP
累计下载量 **151万**

昆山发布微信
粉丝近 **100万**

第一昆山微信
粉丝超 **45万**

昆视新闻
收视率 **1.1%** 左右

广播 88.9 频率
市域全覆盖

主流聚焦

4年多来，在人民日报、新华社、央视、央广、中新社等国家媒体平台发稿超**1600**篇次。

2021年11篇次

2022年16篇次

2023年14篇次

央视《新闻联播》

守正创新

2020年
荣获各类
新闻奖项 78 个

2021年
荣获各类
新闻奖项 147 个

2022年
荣获各类
新闻奖项 159 个

2023年
已经公示的
新闻获奖超 170 个

前进足迹

全国融媒体建设示范单位

全国广播电视媒体融合先导单位 10 强

全国市县媒体融合先导单位 20 强

优秀区域融媒综合影响力 10 强

连续两年获评全省县级融媒体中心建设优秀案例

全国县融中心综合影响力优秀案例 TOP10

2023

全国融媒体中心能力建设十佳典型事例

连续三年全市年度综合考核工作第一等次，连续两年市管领导班子年度考核"优秀"等次

首次自主送评作品荣获"中国新闻奖"，圆昆山新闻人最大梦想

2019

第三篇章

五年历程

落叶无迹。走过的每一步，无不凝聚着汗水、坚毅和智慧。

3

2019年 破冰

没有经验可以借鉴，只能摸着石头过河。「钱从哪里来、机制怎么建、人心怎么融」，更是被人戏称为县融改革的「三把辛酸泪」。「千难万难，敢于担当就不难；千苦万苦，信念坚定就不苦」。一条「昆山之路」，就是敢闯敢试蹚出来的！在上级部门关心支持下，在昆山市委、市政府的坚强领导下，全体昆山融媒人同心同向同行，江苏县融改革在昆山率先破冰起航。

● 2019年3月13日，昆山市融媒体中心（昆山传媒集团）领导班子宣布会议召开，会议宣布市委决定，左宝昌同志任昆山市融媒体中心（筹）主任、昆山传媒集团（筹）董事长。同日，左宝昌在市图书馆一楼会议室召集昆山日报社、市广播电视台相关人员，就市融媒体中心（传媒集团）筹建期间相关工作进行部署。这标志着昆山市融媒体中心（昆山传媒集团）筹建工作正式启动。

【深一度】

2018年8月，习近平总书记在全国宣传思想工作会议上指出，"要扎实抓好县级融媒体中心建设，更好引导群众、服务群众"。

昆山组建县级融媒体中心，是贯彻习近平总书记重要讲话精神的具体举措，是落实江苏省委和苏州市委加强县级融媒体中心建设部署要求的生动实践。2019年3月13日，昆山市融媒体中心（昆山传媒集团）领导班子宣布会议召开，市委常委、宣传部部长许玉连出席会议，市委组织部常务副部长陈青林代表市委宣布任命决定。

昆山市融媒体中心（昆山传媒集团）领导班子宣布会议结束后，左宝昌当即召集昆山日报社、市广播电视台相关人员，传达了会议精神，对昆山市融媒体中心筹建过渡期间班子进行了初步分工，明确了组建过程中的内部工作流程和相应工作要求。自此，昆山市融媒体中心筹建工作正式启动，拉开了筚路蓝缕、融合创新的序幕。

● 2019年3月29日，中共昆山市委决定，撤销昆山日报社党组，成立中国共产党昆山传媒集团委员会，隶属昆山市委。

【深一度】

2020年4月1日，中共昆山市委发文，左宝昌同志任昆山传媒集团党委书记。

2020年6月11日，中共昆山市委组织部发文，沈伟、顾彩芳、杨报平、曹勇、陈佩华同志任昆山传媒集团党委委员。

2020年10月12日，中共昆山市委组织部发文，公冶玉坤、吴佳希同志任昆山传媒集团党委委员，并提名公冶玉坤、吴佳希同志聘任昆山传媒集团副总经理。

● 2019年3月29日，昆山市融媒体中心（昆山传媒集团）（筹）党委书记、主任、董事长左宝昌率队赴苏州广播电视总台学习考察，拜访苏州广播电视总台党委书记、台长陆玉方，双方就"事业单位性质、企业化运作"体制机制进行了讨论。苏州广播电视总台副台长郭昌雄、王晓雄，昆山市融媒体中心（筹）领导杨报平、陈佩华参加交流。

● 2019年4月3日，中共昆山市委机构编制委员会发文，整合归并市广播电视台、昆山日报社，正式组建昆山市融媒体中心，为市委直属事业单位，归口市委宣传部管理。

【深一度】

市委编办明确正式组建昆山市融媒体中心后，6月30日，中共昆山市委发文，左宝昌同志任昆山市融媒体中心主任，沈伟、顾彩芳、杨报平、曹勇、陈佩华同志任昆山市融媒体中心副主任，免去顾彩芳、杨报平、曹勇同志昆山日报社副总编辑职务。

● 2019年4月5日，昆山日报社、市广播电视台新媒体业务率先融合，负责编辑刊发"第一昆山""昆山发布""昆山视听"微信公众号。

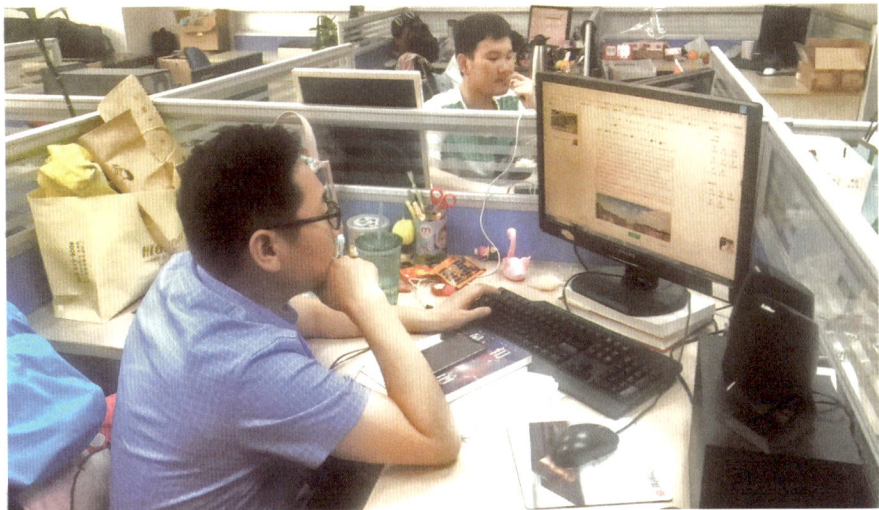

【深一度】

　　融合之初，事情千头万绪，如何找准融合的切入点，以达到"一子落而全盘活"的效果？这考验昆山市融媒体中心（筹）新成立班子的智慧。经过认真思考，决定以发展新媒体业务为融合的突破口。4月5日，两个部门新媒体人员和业务率先整合，围绕市委、市政府重点工作进行策划、采写、编辑、刊发。

　　这一阶段，昆山市融媒体中心（筹）以"开着车子换轮胎"精神，一边抓顶层设计，一边推动主流媒体挺进移动互联网主阵地。主要领导左宝昌白天在谋划融合创新各项改革举措，晚上则深入采编一线，来到新媒体编辑部，和值班领导、值班主任、小编一起改稿、审稿、发稿。大家有时为了想一个标题而焦虑，有时为寻找一张图片而揪心，有时为抢时间而焦急。而当微信顺利推送后，现场的人员仿佛都松了一口气，愉悦瞬间溢满心田。就是凭着这股上下一心、凝心聚力的精神，市融媒体中心（筹）围绕市委、市政府重点工作打开了宣传新局面。在那段时间，昆山市融媒体中心（筹）小编非常自豪，因为"第一昆山"微信公众号每天的头条成了区镇部门把脉重点工作的风向标，时任市委主要领导多次在不同场合给予高度称赞。正是新媒体担当起宣传重任并取得了好的效果，从而为融媒体中心接下来的改革争取政策支持创造了良好的条件。

　　一缕曙光已经穿过云层，让融合在一起的两家新闻人看到了光明和希望，它就在眼前，就在不远处！

● 2019年5月1日，昆山日报社、市广播电视台合署办公，合二为一，昆山市融媒体中心迈出"物理融合"的第一步。

【深一度】

刚成立不久的昆山市融媒体中心（筹）新班子决定，利用"五一"长假，抓住昆山日报社在长假期间休刊三天的时机，把昆山日报社从银河大厦搬至广电大楼，实现昆山日报社、市广播电视台合署办公，合二为一。

初建期，一切都是那么简陋，广电大楼有的办公室还是水泥地面，有的办公室因年久失修发出刺鼻的味道，有的办公室空调不时发出噪声。但这一切都阻止不了两家媒体人对"融合"的憧憬。在搬迁过程中，相识和不相识的聚在一起，我帮你擦拭桌子，你帮我安装电脑，他帮他搬办公用品。虽然有的人心里多少有些不安，不知道"融合"这个新生事物能给自己带来什么改变，但是面对传统媒体不断式微，还是张开双臂拥抱新生事物。大家深知，道路是光明的，也是荆棘密布的，需要所有人拧成一股绳，心往一处想，劲往一处使。在新班子统一筹划下，搬迁过程中体现出来的团结友爱精神为下一步融合改革打下了坚实的基础。

搬迁，搬的是物品，也是期待和希望！

● 2019年5月1日，十三届市委第68次常委会会议听取融媒体中心筹建情况汇报，并审议通过《关于加快昆山媒体融合改革发展高标准做好全国县级融媒体中心建设试点工作的若干意见》（以下简称《若干意见》），明确了"事业单位企业化管理、市场化激励"体制形式和运营模式，在深化人事薪酬制度改革、财务管理制度改革、创新人才引进激励政策等方面取得重大突破，为高标准推动融媒体中心建设提供有力制度支撑。

【深一度】

推动媒体融合是中央一项重大的媒体改革战略部署。在操作层面，则结合各地实际情况进行推进。从昆山媒体情况来看，昆山日报社和昆山广播电视台在媒体管理、薪酬、机制和文化上都存在一定的差异。昆山媒体融合三大难题就这样摆在每个人面前：钱从哪里来？机制怎么建？人心怎么融？

每一项措施都事关每个人的切身利益，事关改革大局，事关传媒事业发展，除了要有勇气和担当，还必须慎之又慎、实之又实、细之又细。中心领导班子坚持问题导向，求真务实，力求最优解。左宝昌主任亲自带队赴浙江长兴县融媒体中心、苏州广电、江苏省广电等单位学习考察，借鉴大台大报、先进地区以及周边兄弟单位先进做法和经验，并抽调10多名工作人员组建政策研究小组，通过一次次磨合碰撞、广泛讨论、取长补短、反复修改，在"事

扫码观看

业单位企业化管理""不实行收支两条线管理方式"等诸多方面有了开创性的探索和突破，得到了时任市委主要领导的重视和肯定，为争取政策支持、优化顶层设计、推进融媒改革奠定了坚实的基础。

十三届市委第68次常委会通过的《若干意见》非常及时，是指导昆山媒体融合改革的纲领性文件，开创性地回答了"钱从哪里来？""机制怎么建？"和"人心怎么融？"，该政策文件总共2000多字，共十条具体融合政策措施（简称为"融十条"），其中最具突破性的政策措施是：实行"事业单位企业化管理、市场化待遇"，坚持"企业管理、以岗定薪、同工同酬、量化考核、多劳多得"，实现从"身份管理"向"岗位管理"转变；给予融媒体中心相应的财务自主权，收支不纳入国库支付中心统一管理，不实行收支两条线管理方式；实行"财政监管、企业化运作、自主经营"。

"融十条"要求，加大财政支持力度，融合初期每年支持一定的补助资金，大力支持创新人才引进，加快互联网特别是移动互联网转型，加大投入提升全媒体技术装备水平与保障力度。

"融十条"为昆山市融媒体中心融合发展提供了强大支撑，让员工消除了疑虑、激发了活力、增强了信心，起到凝心聚力的效果。目前，"融十条"已成为全国各地推进媒体融合的参考性文件。

惟其艰难，方显勇毅；惟其磨砺，始得玉成。"融十条"出台的背后，凝聚了昆山市融媒体中心新班子的汗水和努力。为了争取市委、市政府的大力支持，中心（集团）主要领导左宝昌带头值守新媒体，带头策划选题、带头改稿，快速地得到市委、市政府主要领导对中心宣传工作的充分肯定。正是出于这份肯定，昆山成立了由市委书记任组长、市长任第一副组长的融媒体中心建设领导小组，下设政策对接、人才保障、项目建设、资金保障4个专项办公室，坚持高位协调，提供政策支持，从顶层设计提供核心"动力源"。为了起草"融十条"，中心主要领导左宝昌带领团队通过信息有序聚合、资源有效整合、各方有力配合，几易其稿，最终形成初稿。为了争取市相关部门对"融十条"的支持，提升"融十条"含金量，中心领导带领相关人员反复与有关部门进行沟通、协商，征求各方意见，最终获得了大家的理解和支持。

"融十条"是一项大胆的尝试，是集体智慧的结晶。其中的多项措施都是首创，解决了一批长期以来制约媒体融合发展的痛点难点问题，为融媒体改革顺利推进奠定了坚实基础。

● 2019年5月13日，庆祝昆山解放70周年升国旗仪式在城市广场隆重举行。当天，市融媒体中心（筹）策划推出庆祝昆山解放70周年特别报道，举办大型直播活动，通过昆山电台FM88.9频率、昆山电视台新闻综合频道、网易昆山频道同步直播，《昆山日报》推出"纪念昆山解放日"特刊。

【深一度】

这是昆山市融媒体中心组建过程中一次重大新闻报道。当天安排四路记者分别在全媒体演播厅、升旗仪式现场、亭林园烈士陵园、市档案馆四点连线进行。原昆山县副县长王道伟、原华东野战军28军83师247团3营8连副指导员崔健，以及张浦镇金华村党委副书记徐丽娟做客演播厅，回顾昆山解放波澜壮阔的历程，传递浓浓的爱国之情，凝聚推动高质量发展的磅礴力量。

《昆山日报》推出"纪念昆山解放日"特刊，用四个版面回顾昆山解放的战斗故事，用诗歌的方式缅怀革命先烈、铭记光辉历史，激励广大干部群众沿着革命先辈开辟的"人间正道"奋勇前进，努力开创昆山发展新局面。

● 2019年5月15日，昆山市融媒体中心（昆山传媒集团）（筹）派出采访报道小组，由中心领导陈佩华带队，赴深圳采访，解读深圳在新旧动能转换、精准招商、国企国资参与转型升级方面的先进思维、先进经验、先进做法。5月20日起全平台推出"学习深圳经验，建设科创之城"系列报道。

学习深圳经验 建设科创之城

系列报道

昆山市融媒体中心
昆山传媒集团

2019年5月

新旧动能转换，昆山向深圳学什么？
——"学习深圳经验，建设科创之城"系列报道之一

2018年9月27日，市委书记杜小刚率领昆山党政代表团在深圳考察大冲村旧城改造项目。

中国（广东）自由贸易试验区前海蛇口片区

【深一度】

系列报道共三篇，分别通过新媒体、报纸、电视、广播进行报道，引起广泛关注。2019年5月22日，昆山市党政代表团赴深圳考察学习，在总结会上，三篇系列报道被印成小册子发给每位代表团成员学习。这次先期采访的做法和效果得到时任市委、市政府主要领导的高度赞扬，认为昆山市融媒体中心（昆山传媒集团）（筹）以新闻的视角进行解读，拓宽了昆山干部学习深圳先进做法的思路。

● 2019年7月12日，苏州市县级融媒体中心建设推进会在张家港市召开。苏州市委常委、宣传部部长金洁参加会议，并为昆山市、张家港市、吴江区等全省首批县级融媒体建设单位授牌。昆山市融媒体中心主任左宝昌参加授牌仪式。

【深一度】

苏州市委常委、宣传部部长金洁在会上强调，各地要提高政治站位，把牢融媒体中心建设的正确方向，充分认识县级融媒体中心建设的重大意义，进一步增强责任感、使命感；要坚持守正创新，明确融媒体中心建设的目标任务，把县级融媒体中心打造成主流舆论阵地、综合服务平台、社区信息枢纽；要突出重点环节，推进融媒体中心建设的各项工作，重点抓好机构整合、流程再造、移动优先和平台建设；要加强组织领导，形成融媒体中心建设的推进合力，圆满完成各项建设任务。

● 2019年8月12日，昆山市融媒体中心（昆山传媒集团）挂牌成立。中心（集团）的挂牌成立，标志着从顶层设计进入全面落实新阶段。

扫码观看

【深一度】

经过5个月筹建，8月12日，全省首批县级融媒体中心建设试点之一——昆山市融媒体中心（昆山传媒集团）正式揭牌，标志着县级融媒体建设的"昆山实践"开启新征程。市委书记杜小刚为昆山市融媒体中心（昆山传媒集团）揭牌。市委常委、宣传部部长许玉连，市委常委、开发区党工委副书记、管委会副主任沈一平，市委常委、组织部部长杨帆，副市长李文出席揭牌仪式。

昆山市融媒体中心（昆山传媒集团）正式挂牌成立后，实施"两块牌子、一套班子"的运作模式，标志着"一体两翼、一体双责"的昆山融媒开始破茧成蝶。

新起点、新征程，新责任！带着市委、市政府的殷殷嘱托，载着300万昆山人民的热切期盼，昆山"融媒号"大船正式启航！

● 2019年8月12日，市委书记杜小刚在昆山市融媒体中心（昆山传媒集团）调研，市委常委、宣传部部长许玉莲，市委常委、开发区党工委副书记、管委会副主任沈一平，市委常委、组织部部长杨帆，副市长李文参加调研。

【深一度】

调研中，杜小刚对融媒体中心围绕中心服务大局，扎实做好新闻宣传工作，不断实现媒体融合发展新突破给予充分肯定。他指出，要以习近平新时代中国特色社会主义思想和党的十九大精神为指导，深入学习贯彻习近平总书记关于媒体融合发展的重要讲话精神，认真落实江苏省委、苏州市委的部署要求，坚持党媒姓党，强化守正创新，扎实抓好县级融媒体中心建设，不断增强引导群众、服务群众的能力，推动昆山媒体融合发展走在前列，为昆山推进社会主义现代化建设试点、做好高质量发展榜样营造良好舆论氛围。

● 2019年8月25日，市融媒体中心（昆山传媒集团）召开推进媒体融合改革发展动员会。会上，"壮丽70年　奋斗新时代"推进社会主义现代化建设试点——昆山市融媒体中心全媒体新闻行动启动，6个行动支部同时成立。这是昆山市融媒体中心（昆山传媒集团）揭牌后的首个大型新闻行动，也是践行媒体融合发展理念、为昆山推进社会主义现代化建设试点鼓劲助力的一次创新实践。

【深一度】

加快深度融合发展是媒体不容回避的一场自我革命。市融媒体中心8月12日揭牌成立，仅仅过去不到两周时间，就组织召开了这次推进媒体融合改革发展工作动员会，动员全体融媒体人锚定方向，统一思想，消除顾虑，突出重点，同向发力，以舍我其谁的政治站位、脱胎换骨的最高标准、只争朝夕的务实态度、饱满沸腾的精神状态推动融合改革走在前列。

在此次动员大会上，还启动全媒体新闻行动。市融媒体中心调集各平台策采编播精锐力量，充分运用多种宣传途径，重点推出"发展成就巡礼"主题报道、"推进现代化建设试点"主题报道、"我和我的城市"主题征文大赛、全媒体异地采访及一组系列评论等五大内容，以有筋骨、有品质、有温度的新闻作品，展示鹿城巨变，记录昆山发展。市委常委、宣传部部长许玉连宣布全媒体新闻行动启动，副市长李文、市委组织部常务副部长陈青林共同为行动支部授旗。

会上成立了全媒采访、全媒编辑、新媒体、主持人、全媒技术、全媒产业等6个行动支部，初步按照业务，对原昆山日报社、市广播电视台党支部进行了重组，在业务部门融合前，率先实现党员队伍的先行融合。10月，在党员先行融合经验总结的基础上，结合传媒业务尤其是优先融合创新发展新媒体业务的实际，市融媒体中心党群工作部对原有党支部又进行划分重组，全新设立8个党支部。

全新成立的8个党支部，让"两个屋子里的人"通过支部平台，化解矛盾、团结协助、开拓进取，成为媒体融合先行军！令人欣喜的是，通过5年的不断锤炼，昆山市融媒体中心（昆山传媒集团）党委建立了一支饱含激情、永不停步、关键时刻站得出、硬仗难关冲得上的党员先锋队伍。

● 2019年10月23日，昆山市融媒体中心（昆山传媒集团）党委书记、主任、董事长左宝昌专程拜访新华日报社党委书记、社长、新华报业传媒集团董事长双传学，双方就县融发展和新华报业传媒集团的合作进行深入交流。新华日报社总编辑顾雷鸣、昆山市融媒体中心副主任顾彩芳参加座谈。

● 2019年10月24日，昆山传媒集团完成工商注册，注册资本5亿元，列为市属国有企业，与昆山市融媒体中心实行统一办公、统一管理、统一运营，构建"事业单位企业化管理"运行体系。

【深一度】

一套人马，两块牌子。昆山传媒集团的成立，为下一步布局产业，实行"双轮驱动"奠定基础。

● 2019年10月25日，昆山市人民政府发文，左宝昌同志任昆山传媒集团总经理；顾彩芳同志任昆山市融媒体中心总编辑，免去顾彩芳同志昆山市融媒体中心副主任职务。

【深一度】

至此，昆山市融媒体中心（昆山传媒集团）班子基本配备齐全，形成两正〔左宝昌为中心（集团）党委书记、主任、董事长、总经理，顾彩芳为中心（集团）党委委员、总编辑〕、六副（4名副主任、2名副总经理）格局。

● 2019年11月21日，昆山市融媒体中心（昆山传媒集团）党委书记、主任、董事长左宝昌率队拜访苏州日报报业集团党委书记、社长张建雄，双方就县融发展和加强合作进行深入交流。苏州日报社总编辑李勇，昆山市融媒体中心（昆山传媒集团）总编辑顾彩芳、副主任杨报平参加座谈。

● 2019年11月至12月，为了更好拓宽核心骨干人员选拔任用通道，建立公平竞争的选人用人机制，让真正想干事、能干事的人有舞台，有想法、有志向的人有机会，昆山市融媒体中心（昆山传媒集团）启动中层正职干部竞聘上岗。

"火车跑得快，全靠车头带"，昆山市融媒体中心（昆山传媒集团）成立初期，始终坚持把干部队伍建设摆在融合事项前列。根据"三定"方案，昆山市融媒体中心设立28个内设机构。为了建立公平公正的选人用人机制，昆山市融媒体中心（昆山传媒集团）党委决定中层正职干部实行公开竞聘上岗，并于2019年11月中旬启动前期准备工作。在前期准备工作中，昆山市融媒体中心（昆山传媒集团）主要领导、分管领导召集党群、人事部门负责人，详细了解每一位竞聘人员的情况，认真听取员工对参选人员的评价，做到"全面了解、细微考察、不漏一处"。

中心（集团）行政中心、公共服务中心先期进行了中层正职干部公开竞聘上岗工作。在此基础上，12月12日，昆山市融媒体中心所属全媒体指挥中心在昆剧院开展中层正职干部公开竞聘上岗工作。经过现场演讲和评委打分，最后经过党委讨论，确定各部门主任人选。

在总结中层正职干部公开竞聘上岗经验的基础上，公开竞聘又推广到新提拔中层副职干部工作中。通过公开竞聘，一批讲政治、高素质、懂业务、有思路、会管理、善创新的开拓性干部脱颖而出。一名年龄稍长的女编导原本比较"佛系"，也报名参加公开竞聘，自告奋勇地与"85"后、"90"后们同台竞聘。竞聘时她说："原本的心态已归隐山林，但被中心（集团）融合改革氛围所感染，再次有了站到前台的冲劲，毅然决定躬身入局，投入到融媒事业中。"她的话代表了员工们的心声。自此，公开竞聘成为昆山市融媒体中心（昆山传媒集团）选拔中层干部的常态。

● 2019年12月29日，中共昆山市委十三届八次全会举行，市委书记杜小刚在报告中充分肯定融媒体中心建设。报告中写道："融媒体中心建设成效显著。"

2020年 勾画

科学的顶层设计，不仅化繁为简，也让蓝图更加清晰。昆山市委、市政府始终把县级融媒体中心建设作为一项系统工程、创新工程、民心工程，纳入全市经济社会发展总体布局，市委深改委会议出台了一系列重磅文件，既建强中心，又用好中心，让融媒体中心与昆山这座城市四配，为城市聚力赋能凝心铸魂，走出一条具有时代气息、昆山特色的融媒体中心建设路径。

● 2020年1月8日，经过前期公开竞聘上岗、组织考察和党委会议研究决定，昆山市融媒体中心发布2020年1号文件，正式任命24个部门主任。

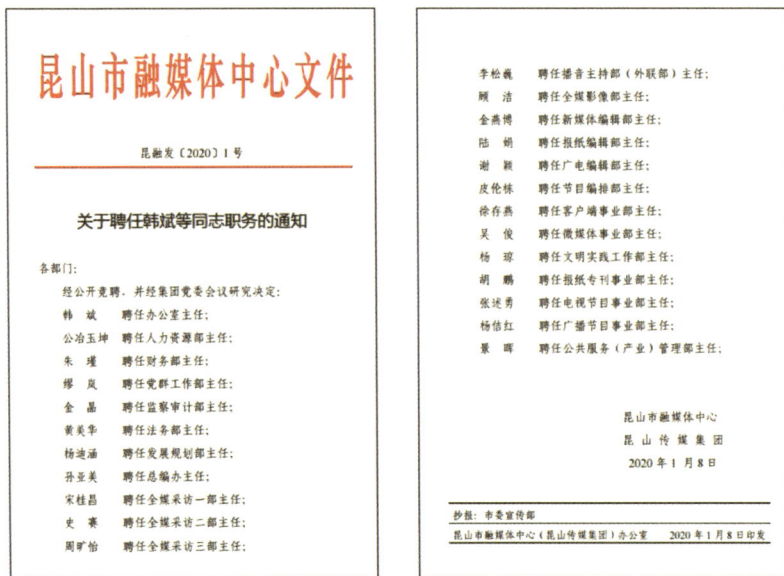

昆山市融媒体中心文件

昆融发〔2020〕1号

关于聘任韩斌等同志职务的通知

各部门：

经公开竞聘，并经集团党委会议研究决定：

韩　斌　　聘任办公室主任；
公冶玉坤　聘任人力资源部主任；
朱　瑾　　聘任财务部主任；
缪　良　　聘任党群工作部主任；
金　晶　　聘任监察审计部主任；
黄美华　　聘任法务部主任；
杨迪涵　　聘任发展规划部主任；
孙亚美　　聘任总编办主任；
宋桂昌　　聘任全媒采访一部主任；
史　寨　　聘任全媒采访二部主任；
周旷怡　　聘任全媒采访三部主任；

李松巍　　聘任播音主持部（外联部）主任；
顾　洁　　聘任全媒影像部主任；
金燕博　　聘任新媒体编辑部主任；
陆　鹃　　聘任报纸编辑部主任；
谢　颖　　聘任广电编辑部主任；
皮伦株　　聘任节目编排部主任；
徐存燕　　聘任客户端事业部主任；
吴　俊　　聘任微媒体事业部主任；
杨　琼　　聘任文明实践工作部主任；
胡　鹏　　聘任报纸专刊事业部主任；
张述勇　　聘任电视节目事业部主任；
杨怡红　　聘任广播节目事业部主任；
景　晖　　聘任公共服务（产业）管理部主任；

昆山市融媒体中心
昆山传媒集团
2020年1月8日

抄报：市委宣传部
昆山市融媒体中心（昆山传媒集团）办公室　　2020年1月8日印发

● 2020年1月22日，由昆山传媒集团参与，哈哈影视、北京文化、动漫堂、通嘉文化、腾讯动漫等多家公司联合出品的网剧《红楼私房菜》，在巴城华东生态农庄举办开机仪式，用影视艺术提升昆山城市知名度和美誉度。昆山市委常委、宣传部部长许玉连，巴城镇党委书记石建刚，昆山市融媒体中心（昆山传媒集团）党委书记、主任、董事长左宝昌，副主任曹勇，巴城镇宣传委员周晓佳出席开机仪式。

● 2020年2月21日，中共昆山市委发文，中共昆山传媒集团委员会更名为中共昆山市融媒体中心（昆山传媒集团）委员会；成立中共昆山市融媒体中心（昆山传媒集团）纪律检查委员会。

【深一度】

融媒体改革没有先例可借鉴，要在不断完善自我中前行。当初筹建时，为了尽快发挥党建引领作用，昆山市委先期批准设立了隶属市委的一级党委——昆山传媒集团党委。随着改革的深入，根据发展需要，昆山市委从顶层设计上进行了科学完善，并成立中心（集团）纪委，确保昆山市融媒体中心（昆山传媒集团）廉洁运转、高效运转。

● 2020年3月6日，全市作风建设暨高质量发展表彰大会召开，昆山市融媒体中心（昆山传媒集团）党委书记、主任、董事长、总经理左宝昌被评为2019年度昆山市担当作为好干部。

【深一度】

更好引导群众、服务群众，县级融媒体中心建设肩负着重大责任与使命。有人说，对于媒体融合，挂牌容易组建难，整合容易融合难。2019年3月，中心（集团）党委书记、主任、董事长左宝昌带着组织的信任和数百名媒体人的期盼，带领全新的团队向未来出发。

面对改革过程中的困难和挑战，他说："这是一次基层媒体的重大变革，基层干部一生能遇到这样的挑战机遇并不多，如果退缩，何谈担当和作为？"面对改革带来的压力，左宝昌讲出了自己的心声："任何事情都不可能一蹴而就。改革要彻底，就需要谨慎细致、统筹兼顾、全盘考虑，不仅需要市领导的大力支持，更迫切需要员工的理解和信任。"他一边做好员工思想工作，一边加快改革脚步。很多个夜晚，他和员工谈心至深夜，解开思想的包袱，一起描绘最美好的未来。

没有成功参照、没有模式遵循、没有先例援引，唯有勇闯"无人区"。他带领团队多次外出学习，途中深夜还在总结经验；多次请专家前来讲学，要点记满笔记本；微信朋友圈迅速扩大，与新华社、中国人民大学、新华日报社专家学者密切沟通，了解前沿信息……慢慢地，一幅独具昆山特色的县级融媒体中心建设蓝图在他心中逐渐清晰、定格：

顶层设计是媒体融合成功的关键。经过无数次推翻再重来，左宝昌带领团队最终完成了昆山市融媒体中心（传媒集团）组织架构重设、业务流程再造、传播平台整合，建立了规范、高效、灵活的运行机制，形成了一套科学的绩效管理和薪酬体系。

"融媒出品必是精品。"为此，他带领融媒体新闻团队以提高融合报道能力为重点，推动新闻采编向文字、图片、音视频"三位一体"转变，使报道既"可读可听可看"，又"可互动可分享可体验"。2020年一开年，央视先后八次聚焦昆山、点赞昆山，这与市融媒体中心多渠道发力紧密相关。

改革正在进行，精彩不断绽放。"火车头"的带动效应正在不断影响昆山市融媒体中心（昆山传媒集团）全体员工，每个人都以时不我待的紧迫感和使命感，占领信息传播制高点，让"昆山故事"到达更远的地方。

扫码观看

● 2020年4月21日，昆山市融媒体中心（昆山传媒集团）召开巡察动员会，市委第三巡察组正式启动巡察工作。9月2日，昆山市融媒体中心召开市委第三巡察组巡察市融媒体中心（传媒集团）党委情况反馈会。市委第三巡察组组长瞿亚光反馈巡察情况。市融媒体中心（传媒集团）党委书记、主任、董事长左宝昌主持会议并作表态发言。

● 2020年5月11日，昆山市委书记吴新明到昆山市融媒体中心（昆山传媒集团）调研，市委常委、宣传部部长许玉连参加调研。

5月11日下午，市委书记吴新明专题调研融媒体中心建设。吴新明对市融媒体中心建设取得的积极成效，以及为昆山经济社会高质量发展营造凝心聚力、奋发进取的良好氛围，给予了充分肯定。他强调，要坚持以习近平新时代中国特色社会主义思想为指导，按照昆山打造社会主义现代化建设标杆城市的目标要求，坚持党的领导，深化思想解放，主动服务大局，当好党的理论政策的传播者、经济社会发展的助推者、保障改善民生的实践者、意识形态阵地的守护者，打造新时代宣传思想文化工作的昆山特色，为推进高质量发展凝聚强大正能量。

扫码观看

● 2020年5月13日，昆山市融媒体中心高标准通过全省首批县级融媒体中心建设验收，完成机构整合、硬件改造、软件升级，形成"统一策划、一次采集、多种生成、全媒传播"新格局。这标志着昆山市融媒体中心"策、采、编、审、发"一体化融合内容生产管理体系初步建成，一次采集、多种生成、多元发布的"中央厨房"式媒体运作模式正式落地。

2019年1月，国家广播电视总局发布了《县级融媒体中心建设规范》和《县级融媒体中心省级技术平台规范要求》，两个"规范"要求非常细致、明确，是县级融媒体中心建设指导性文件。昆山融媒中心首批获得验收通过，体现了在融合建设软硬件方面已经走在全省乃至全国前列。

● 2020年5月18日，"惠动鹿城"昆山消费促进季首轮汽车大奖领奖仪式在昆山市融媒体中心举行。副市长宋德强，市财政局长钱许东，市融媒体中心（昆山传媒集团）党委书记、主任、董事长左宝昌等为获奖者颁奖，送上价值19.99万元的威马EX5-Z新能源车。

● 2020年6月10日，中共昆山市委发文，曹勇同志任昆山文商旅集团公司党委副书记，免去其昆山市融媒体中心副主任职务；马安妮同志任昆山市融媒体中心（昆山传媒集团）纪委书记；金晶同志任昆山高新集团纪委书记。

【深一度】

干部交流是优化干部结构、推进事业发展的重要举措。由于专业性、业务性强，原昆山日报社和昆山广播电视台干部很少交流出去，中心（集团）成立不到一年时间，组织上就推动干部交流，并对一名中层干部进行提拔使用〔金晶提拔前为中心（集团）监察审计部主任〕，这是对中心（集团）融合改革取得成效和干部队伍建设的充分肯定。2023年6月26日，中心（集团）编委、经委、客户端运营中心总监徐存燕同志提拔为昆山创业控股集团公司党委副书记。

● 2020年6月17日，吴克铨、郑慧珍、石泉中、夏梁鑫、张树成等老领导参观昆山市融媒体中心（昆山传媒集团），对中心（集团）呈现出的开拓进取精神给予充分肯定。

【深一度】

作为"昆山之路"开创者，吴克铨、郑慧珍、石泉中、夏梁鑫、张树成等老领导来到昆山市融媒体中心（昆山传媒集团）参观，对新闻采写、播出以及新媒体技术的应用非常感兴趣。尤其是老领导们对中心（集团）在融合改革中呈现出的开拓进取精神十分赞赏，说仿佛看到他们当初创业时的影子。

● 2020年7月，昆山市融媒体中心（昆山传媒集团）启动实施"员工幸福"工程，推出食堂自助餐用餐模式，不断优化改造办公环境，开展具有融媒体特色的团建拓展活动等，升级改造健康小屋，着力提升员工获得感、归属感。

从"物理融合"到"化学融合"，再到"人心融合"，是媒体融合必须经历的三道关，其中最难的就是"人心融合"。昆山市融媒体中心（昆山传媒集团）启动实施"员工幸福"工程，就是给员工提供较好的工作环境，从而使其全身心融入到融媒改革事业中。

见微知著，润物无声。融媒改革，既要有大刀阔斧般的果敢和勇毅，也要有日拱一卒式的细致和坚守。很多人至今还记得，中心（集团）刚成立开员工大会时遇到的"尴尬"情景，因为没有足够大的会议场所，单位不得不临时借用一所小学的礼堂。那次经历虽令大家"耿耿于怀"，但不得不面对很多现实情况，比如广电大楼因建造时间较长，不仅存在安全隐患，而且办公设备老化。"我们一定要彻底改变融媒人的工作状态和环境，让大伙在单位体验到家的温暖感觉，有实实在在的获得感和幸福感！"感受到了大家的期盼，昆山市融媒体中心（昆山传媒集团）党委书记、主任、董事长左宝昌暗暗地下了决心。

由于新闻生产一刻都不能停，于是从2019年7月开始，采取腾挪的办法，一层一层地优化改造办公环境，直到2023年5月才初步完成楼层优化改造。同时，在征求广大员工意见的基础上，本着勤俭节约的原则，采取自助用餐新模式。中心（集团）于2020年8月3日正式实行自助餐，得到了员工的一致好评。食堂每隔一段时间进行满意度调查，不断对菜品推陈出新。统计表明，实行自助餐后，食堂员工就餐人次增加三分之一，餐厨垃圾却减少了三分之一。

最是动人平常事，一针一线总关情。在员工眼中，中心领导既是业务骨干，也是暖意满满的知心好友。每位员工生日时，中心主要领导都会送上一张生日祝福卡，里面写上温暖的祝福语和心里话。这样的感动凝聚在日常的点点滴滴之中。

融媒体中心对员工的关爱润物无声，让员工幸福满满、干劲满满。

扫码观看

● 2020年7月起，昆山传媒集团先后设立文化传播、影视发展、才艺培训、资产管理、商贸服务、数字传媒等六大子公司，开启传媒产业市场化、企业化、规范化发展新模式，加快由"政府输血"向"自我造血"转变。

琼花影视工作室2021年度
目标责任书签订仪式

创收目标：1000万元

【深一度】

融合一年多，在新闻事业取得良好效果的前提下，昆山传媒集团开始布局产业，实现"双轮驱动"。按照中心（集团）党委的部署，昆山市融媒体中心（昆山传媒集团）产业发展按照三个步骤进行：第一步，围绕市委、市政府重点工作发展新闻事业，在财政支持下，稳妥推进各项改革，打响"昆山融媒"品牌；第二步，借助"昆山融媒"品牌，布局产业、做强产业、做大产业；第三步，通过产业实现对新闻事业的反哺，进一步强化"昆山融媒"品牌，最终实现新闻事业和产业两翼齐飞。

随着"昆山融媒"品牌打响，昆山市融媒体中心（昆山传媒集团）产业经过5年发展，取得明显成效，并走向成熟。截至2022年底，文化传播、影视发展、资产管理三家子公司年收入均突破千万元。在做强传媒优势产业的同时，积极布局前沿科技产业，探索有昆山特色的传媒产业数字化创新，加快布局AI、元宇宙等数字传媒产业，稳步推动媒体产业转型升级。

● 2020年7月，成立首个"企业化管理、市场化激励"融媒工作室——琼花影视工作室，放权经营，长效激励，实现从"要我做"到"我要做"转型。

【深一度】

融媒体中心成立后，曾经有段时间，面临全市重要宣传片无人承接的困境，严重影响融媒体中心的形象。由于宣传片的拍摄、制作需要消耗大量精力，如果按照融合前的机制，很难激发人的主动性。针对这种现状，昆山市融媒体中心（昆山传媒集团）主要领导果断决策，创新探索项目制、工作室、事业部管理模式，在兼顾社会效益的前提下，实行目标考核，多劳多得、优劳优得。机制一活天地宽，琼花影视工作室成立后，6个人的小小工作室，年创收超千万元，闯出大天地，为昆山市各区镇、各部门拍摄大量的优质宣传片，取得了良好的经济效益和社会效益。

2022年9月，经过网络投票、现场答辩、专家评定，琼花影视工作室获评2022长三角广播电视媒体融合典型案例。

● 2020年7月22日，获批全省首批县级融媒体中心互联网新闻信息服务许可，成为全市唯一可依法从事互联网新闻信息服务的单位，昆山媒体深度融合迈出新的步伐。

【深一度】

根据《互联网新闻信息服务管理规定》，通过互联网站、应用程序、论坛、微博、公众号、即时通信工具、网络直播等形式向社会公众提供互联网新闻信息服务，应当取得互联网新闻信息服务许可，为新闻信息网上传播增加安全保障。

昆山市融媒体中心获批全省首批县级融媒体中心互联网新闻信息服务许可，是全市唯一可依法从事互联网新闻信息服务的单位。

● 2020年8月2日，中共昆山市委十三届九次全会举行，市委书记吴新明在报告中充分肯定融媒体中心建设成效。报告中写道："融媒体中心建设高标准完成省级验收，获全省首批互联网新闻信息服务许可。"

● 2020年8月5日，推进市融媒体中心（传媒集团）薪酬绩效改革工作协调会召开，市委常委、市委宣传部部长许玉连，副市长张桥参加会议。会上，昆山市融媒体中心（昆山传媒集团）党委书记、主任、董事长左宝昌汇报了薪酬绩效改革推进情况。

【深一度】

　　2020年8月5日，许玉连、张桥召集有关部门在昆山宾馆召开市融媒体中心（传媒集团）薪酬绩效改革工作协调会。左宝昌汇报了《昆山市融媒体中心（昆山传媒集团）薪酬与绩效改革方案（试行）》相关情况。市纪委、市委组织部、市委宣传部、市财政局、市人事局、市编办等部门参加。会议研究讨论了《薪酬与绩效改革方案（试行）》，与会人员一致表示支持市融媒体中心（传媒集团）改革方案，同意就方案中一些具体措施加快协调落实，形成支持改革的合力。本次会议是昆山市融媒体中心（昆山传媒集团）深化改革过程中的一次重要会议，加快了中心（集团）薪酬与绩效改革推进步伐。

● 2020年8月9日下午，昆山市融媒体中心（昆山传媒集团）举办以"最好的时代、最好的我们"为主题的"支部摆擂台、党员大比武"活动。7个党支部的党员代表通过精彩演绎，比拼实力、展示风采，进一步提升全体员工的凝聚力、向心力、战斗力，加快推进媒体融合创新。当天，薪酬和绩效改革动员大会举行。

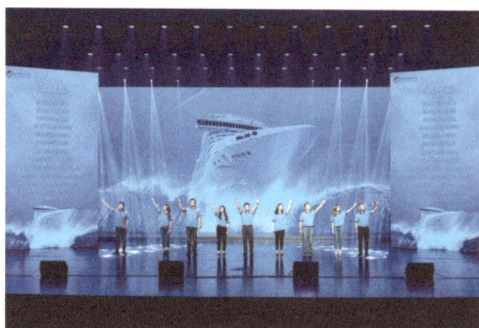

扫码观看

【深一度】

在昆山市融媒体中心（昆山传媒集团）挂牌成立一周年之际，举办以"最好的时代·最好的我们"为主题的"支部摆擂台、党员大比武"活动，既是通过回顾总结一年融合取得的成效，提高认识，看向远方，也是描绘中心（集团）未来愿景，让"诗和远方"变得触手可及，更是通过阶段性胜利让团队的向心力再强化，从而不断从胜利走向胜利。

活动现场，7个支部的党员结合各自特色优势，自编自导，精彩演绎了"初心与坚守""使命与担当""奉献与收获""融合与变化""梦想与奋斗""工匠与情怀""个人与集体"7个融合命题，展现了新时代媒体人的情怀担当和美好梦想。

"向前是涅槃，向后是平庸。"在当天召开的薪酬和绩效改革动员大会上，中心（集团）党委书记、主任、董事长左宝昌以此为题，激情开讲。他说，靠着一个"拼"字，我们拼出了干事创业的精气神，拼来了顶层设计的大突破，拼来了政策资金的大支持，拼来了社会各界的好口碑，拼来了转型发展的好势头。可以说，"拼"是中心（集团）上下最鲜明的标识。围绕如何拥抱变革新时代、如何最大化释放改革红利、如何让县级融媒体中心出人头地、如何让传媒人有更体面的生活，结合全面启动的薪酬改革，他系统地分析了当前改革的有利条件、基本原则、十大亮点、具体安排，生动阐述了"融合才有希望、转型才有明天、改革才能发展、发展才能生存"的道理。他希望每一个人从趋势中谋胜势，抢抓这次千载难逢的历史机遇；坚持开门搞改革，群策群力把好事办好；上下同欲者胜，同舟共济凝聚改革的强大合力；跳起来摘果子，一起谋划传媒事业的美好愿景，抢抓机遇，突出重围，共同携手开创属于我们自己的全新融媒事业！

● 2020年8月12日，实施移动优先战略，第一昆山APP上线，为昆山首个自主可控"新闻+政务服务商务"客户端，昆山传媒主力军全面挺进主战场。截至目前，第一昆山APP客户端总下载量突破150万人次。

【深一度】

2020年8月12日，在昆山市融媒体中心挂牌成立一周年之际，昆山第一门户客户端平台——第一昆山APP全新上线。江苏省委宣传部副部长、省政府新闻办主任杨力群，新华日报社副总编辑屈志坚，江苏省广播电视总台党委委员何宁，苏州市委常委、宣传部部长金洁，昆山市委书记吴新明、副市长张桥出席上线仪式并共同启动第一昆山APP。昆山市融媒体中心（昆山传媒集团）党委书记、主任、董事长左宝昌，副主任沈伟、杨报平参加上线仪式。

第一昆山客户端的正式上线，标志着昆山融媒事业发展迈出了重要一步，进一步增强了"引导群众、服务群众"的能力。融媒体中心在社会各界的大力支持下，按照"新闻+政务""新闻+服务"的要求，集成更多服务功能，打造昆山第一门户客户端。

扫码观看

上线仪式上，市融媒体中心与相关单位进行了入驻客户端合作签约、传媒产业园项目签约及战略合作签约，展现了市融媒体中心在做好新闻宣传主责主业的前提下，将在政务服务上更好服务群众，在产业经营上创造更大价值，在信息技术上护航融媒发展，着力打造主流舆论阵地、综合服务平台、社区信息枢纽。掌上办事大厅、掌上教育、掌上文旅和互联网医院成为第一批入驻第一昆山客户端的服务功能。今后，广大市民可以随时随地在手机上知昆山事、办昆山事，丰富"昆如意"服务品牌的内涵；互联网医院将实现网上预约、远程看病、线上配药，让市民足不出户就能完成诊疗。

"昆山融媒"特聘记者团成立。经过公开招募，100名来自我市社会各界、活跃在网络上的大V成为昆山市融媒体中心特聘记者，并现场接受聘书，未来将在网络上更好地传播昆山声音、讲好昆山故事。

中宣部媒体融合专家组成员，中国人民大学新闻学院教授、博士生导师宋建武通过视频对第一昆山客户端上线表示祝贺并寄语。

● 2020年8月24日，昆山市融媒体中心（昆山传媒集团）邀请澎湃新闻副总编辑胡宏伟为员工作题为《互联网时代的融媒体发展逻辑与媒体人抉择》的专题讲座。

● 2020年9月17日，市委中心组专题学习会暨2020年第八场形势任务报告会举行，特邀中宣部媒体融合专家组成员，中国人民大学新闻学院教授、博士生导师宋建武作题为《建设县级融媒体中心　构建新时代治国理政新平台》的专题讲座。市委副书记、市长周旭东，市人大常委会主任张雪纯，市政协主席冯仁新等四套班子领导参加学习会，市委常委、宣传部部长许玉连主持学习会。

【深一度】

　　媒体融合是一个新生事物，县级融媒体中心建设需要各方面支持和理解。为此，昆山市融媒体中心通过积极争取，把该项内容列入市委中心组专题学习会。通过宋建武教授深入浅出的讲解，与会人员充分了解了县级融媒体中心建设的历史方位、功能作用、关键问题、路径选择等四个方面内容。这次专题学习为昆山市融媒体中心建设创造了良好的外部环境。

● 2020年9月29日，苏州市委宣传部调研昆山市融媒体中心（昆山传媒集团），对中心（集团）融合改革成效给予充分肯定，认为昆山市融媒体中心（昆山传媒集团）建设走在了苏州、江苏和全国的前列。

● 2020年10月30日，昆山市融媒体中心（昆山传媒集团）党委书记、主任、董事长左宝昌带队，赴无锡广电集团、无锡日报报业集团学习考察，学习借鉴新闻宣传、薪酬绩效考核、客户端建设、产业发展等方面的先进经验和做法。无锡广电集团（台）党委书记、总裁、台长陈秋峰，总编辑赵波陪同考察，昆山融媒体中心副主任杨报平、陈佩华，副总经理公冶玉坤等参加学习考察。

● 2020年11月6日，昆山市融媒体中心（昆山传媒集团）举行庆祝第21个中国记者节活动，表彰全市首届十佳全媒新闻工作者，激励融媒人锤炼"四力"，让精彩发生，为昆山发声。当天，市融媒体中心（传媒集团）还举行了拓展活动，喊出极具凝聚力的"一家人、一起拼"口号。

11月6日，昆山市举行第21个中国记者节庆祝活动。市委书记吴新明代表市委、市政府寄语全市新闻工作者，聚焦主责主业，坚持守正创新，勇于改革突破，为昆山打造社会主义现代化建设标杆城市提供强大舆论支持，为走好新时代"昆山之路"凝聚起磅礴力量，并勉励全市广大新闻工作者创造出更多无愧于伟大时代、无愧于党和人民的新成就。市委常委、宣传部部长许玉连出席庆祝活动，并为首届十佳全媒新闻工作者颁奖。

会议表彰了昆山市首届十佳全媒工作者，他们是：孙亚美、史赛、吴彬、徐存燕、张孝亮、顾洁、周理、梁睿雯、郭燕、刘航。

当天，市融媒体中心（昆山传媒集团）还举行了拓展活动，在活动中喊出"一家人、一起拼"的口号。从此，"一家人、一起拼"成为激励昆山融媒人勇往前行的精神动力。

扫码观看

● 2020年11月15日，昆山市融媒体中心（昆山传媒集团）党委书记、主任、董事长左宝昌参加地市和县级媒体深度融合发展峰会暨第四届江苏传媒产业发展论坛，与传媒界学者专家及业内大咖一起分享县级融媒体建设经验，把脉融合特点，点题产业发展。

● 2020年11月20日，昆山市融媒体中心（昆山传媒集团）召开国企领导干部廉政风险防控动员会，启动廉政风险防控机制建设。中心（集团）党委书记、主任、董事长左宝昌，纪委书记马安妮参加会议，集团副总经理公冶玉坤主持会议。

【深一度】

会上集体观看了廉政宣传片，马安妮传达了"全市国有企业领导干部警示教育大会"会议精神，并对廉政风险防控机制建设方案进行了阐述说明。中心党委书记、主任，集团董事长左宝昌总结讲话并宣布廉政风险防控机制建设启动。

2020年11月26日，中共昆山市融媒体中心（昆山传媒集团）委员会正式下发《廉政风险防控机制建设方案》（昆融委发〔2020〕11号）文件。文件的下发为中心（集团）开创改革发展新局面提供坚强政治和纪律保障，营造风清气正的发展环境。

● 2020年12月4日，昆山市融媒体中心（昆山传媒集团）组织召开改版改革工作推进会，中心（集团）总编辑顾彩芳主持会议。

【深一度】

为加快推进媒体深度融合，促进内容版面优化升级，中心（集团）召开改版改革工作推进会。会议由顾彩芳主持，中心（集团）领导沈伟、杨报平、陈佩华、马安妮、公冶玉坤、吴佳希及总编办、采访一部、采访二部、摄影摄像部、新媒体编辑部、广电编辑部、报纸编辑部、公共服务（产业）管理部、总工办、播出部、法务部等部门负责人参加。

本次改版以媒体深度融合和构建全媒体传播体系为目标，涉及新媒体、广电和报纸等全媒体平台，增加了新媒体栏目设置；优化了电视广播栏目，进行了频道整合裁并；启动了报纸头条工程，增设《深一度》等深度报道栏目，全面梳理优化了各内容板块的策、采、编、审、发流程。

通过本次改版改革推进会，进一步统一了改版改革思想，强化了融合转型意识，对中心（集团）加快媒体深度融合、打造全媒体传播体系具有重要意义。

● 2020年12月5日，由国广盛世影视传播（北京）有限公司和昆山传媒集团有限公司承办的中国—中东欧国家合作新春晚会在昆山文化艺术中心大剧院举行。

【深一度】

　　此次新春晚会是2020年中国与中东欧国家开展的最大规模的一次外事文化交流活动。江苏省委常委、苏州市委书记许昆林和来自中东欧国家的大使、使领馆官员和省外办主任费少云，苏州市委常委、市委秘书长俞杏楠，中国—中东欧国家合作人文交流体验基地代表乔川，中央广播电视总台欧洲拉美地区语言节目中心主任夏勇敏，昆山市委书记吴新明等一同观看了新春晚会。

　　本次新春晚会由中国—中东欧国家合作秘书处指导，中国—中东欧国家合作人文交流体验基地、中央广播电视总台欧洲拉美地区语言节目中心、昆山市人民政府共同主办，国广盛世影视传播（北京）有限公司、昆山传媒集团有限公司承办，分"敞开友谊之门""奏响迎宾之曲""创新合作之路""盛开幸福之花""共赢繁荣之实"五个篇章。

　　新春晚会也体现了昆山元素，来自昆山的江苏非物质文化遗产代表性传承人陆振良颂唱昆北民歌《敢为天下先》，为现场观众唱响迎宾之曲，让大家一起感受"敢教日月换新天"的昆山精神。昆山当代昆剧院的演员们为观众带来了昆剧

《战金山》《梧桐雨·定盟》选段，展现了昆山作为昆曲发源地的传承风采。

本次新春晚会于2021年元旦前后在中央广播电视总台环球奇观频道、外语频道、中国国际广播电视网络台和优酷客户端，以及昆山电视台新闻频道、第一昆山客户端播出。

为办好此次新春晚会，昆山传媒集团先后组织了300人次负责演员接送、疫情防控和晚会组织。昆山市融媒体中心（昆山传媒集团）主持人李松巍、梁睿雯首次和中央电视台主持人任志宏、杨宏共同主持新春晚会。

● 2020年12月11日，由昆山传媒集团承办的"双12苏州购物节"昆山狂欢购活动正式启幕。昆山制造、昆山文旅产品通过线上线下平台走向全国、走向全球，打造全新的大规模消费节庆品牌，助力昆山融入国内国际双循环发展新格局，更好满足人民群众对美好生活的向往。市委副书记、市长周旭东，市领导许玉连、李文、张桥等出席活动。

昆山狂欢购活动启幕现场，集中发布了商超优惠措施、惠民农产品"昆味到"大礼包以及价值2500万元的文旅大礼包，并正式发布昆山狂欢购折扣总入口，下载登录第一昆山APP，即可一网打尽商品优惠、折扣信息。狂欢购活动吸引了数十家昆山知名企业参与，"好孩子"现场上演口袋车等新品秀，11个区镇领导干部首次组团走进直播间，化身"带货达人"，和昆山市融媒体中心（昆山传媒集团）主持人共同向广大消费者热情推介阳澄湖大闸蟹、周市燠鸭、锦溪大米、威马汽车等一批"昆山好物"。

● 2020年12月，经过初评、复评和现场终评层层筛选，在280家机构申报的339个项目中脱颖而出，昆山市融媒体中心获评国家广播电视总局"全国广播电视媒体融合先导单位"10强，为当年全国唯一获此荣誉的县级融媒体中心。

为推进广播电视媒体深度融合发展和全媒体传播体系建设，从2019年起，国家广播电视总局每年组织评选一批广播电视融合先导单位、典型案例、成长项目，总结推广各地媒体融合发展的成功实践和经验做法。其中，媒体融合先导单位是指全面推进广播电视媒体深度融合实践，能够全面顺应移动化、数据化、智能化发展趋势，成效明显、特色突出，已经形成新经验，取得良好的社会效益和经济效益，显著提升媒体传播力、引导力、影响力和公信力的相关机构。

接到参选通知后，虽然面对与省级、地市级广播电视台同台竞技，昆山市融媒体中心毅然决定参选。初衷不是为了评奖，而是想通过参选，检验一年多来昆山市融媒体中心融合改革取得的效果。

2020年12月，经过初评、复评层层筛选，昆山市融媒体中心杀进现场终评。面对来自全国广播电视系统的资深专家，昆山市融媒体中心主任左宝昌在现场汇报了昆山市融媒体中心融合改革经验和做法。一年多来，昆山市融媒体中心勇立潮头，牢牢抓住顶层设计"牛鼻子"，积极推进体制机制创新，通过在人才激励上做"加法"、思想顾虑上做"减法"、目标引领上做"乘法"、壁垒打破上做"除法"等方式，积极探索媒体融合的新路径。昆山市融媒体中心总结出来的融合改革"加减乘除法"受到现场专家和与会人员高度认同。最终，在280家机构申报的339个项目中脱颖而出，获评"全国广播电视媒体融合先导单位"10强，为当年全国唯一获此荣誉的县级融媒体中心。

● 2020年12月，昆山市融媒体中心Vlog《"我"眼中的小康》获2020年度全省网络视听新媒体"十佳"节目。

2020年度全省网络视听新媒体
"十佳"栏目（节目）公示名单
（排名不分先后）

名称	类别	报送单位
我苏特稿	新闻类	江苏省广播电视总台
在武汉	新闻类	南京广播电视集团
蟹视频	新闻类	苏州市广播电视总台
夜读	非新闻类（音频）	连云港市广播电视台
暖心淮	新闻类	淮安市广播电视台（集团）
新闻女生	新闻类	扬州广播电视台
凌子Vlog	其他	宿迁市广播电视总台
《习语常听》系列短视频	新闻类	中国江苏网
SBS暖视频	新闻类	苏州市广播电视总台全媒体采制中心
"我"眼中的小康	新闻类	昆山市融媒体中心

● 2020年12月30日，中共昆山市委十三届十次全会举行，市委书记吴新明在报告中对融媒体中心建设予以充分肯定。报告中写道："市融媒体中心高标准通过省级验收，获评全国媒体融合先导单位。"

● 2020年12月31日，市委深改委第六次会议审议通过《昆山市加快推进媒体深度融合发展的若干措施（试行）》和《昆山市融媒体中心（昆山传媒集团）薪酬与绩效改革方案（试行）》，从深化体制机制改革、做强主责主业、优化薪酬管理体系、加快人才队伍建设等进行全方位规划设计，为加快推进媒体深度融合夯实了制度基础。

【深一度】

　　为加快推进媒体深度融合，中办、国办发布了《关于加快推进媒体深度融合发展的意见》。随后，中共江苏省委出台了加快推进媒体深度融合发展的实施方案，苏州也配套出台了有关推进媒体深度融合政策文件。

　　为了更好贯彻上级关于加快推动媒体深度融合的精神，昆山出台了《昆山市加快推进媒体深度融合发展的若干措施（试行）》，为昆山市融媒体中心（昆山传媒集团）进一步推进媒体深度融合提供了政策支持。

　　《若干措施》是继"融十条"后又一个支持昆山媒体融合改革的重大政策文件，全文共11页28条具体措施，首次提出了全力打造全国县级融媒体中心建设标杆，建成与昆山经济社会发展相匹配的管理先进、优势突出、充满活力、竞争力强的现代化新型传媒集团。

扫码观看

2021年 深融

「两家人」变「一家人」，这里有看不见的「物理反应」，更有热气蒸腾的「化学反应」。随着一项项机制体制的突破，一个个「幸福工程」的诞生，每一个融媒人打破「身份」局限，以实绩论英雄，以创新论成败，策采编发流程重塑，融媒矩阵逐个布局，日常大家更是用双脚丈量每一寸土地，用镜头捕捉每一个瞬间，用笔尖记录每一次美好，用初心扛起每一份担当。从「相加」到「相融」，从「融合」到「融活」，「一家人一起拼」口号背后是每个人的热血豪情。

● 2021年1月22日，中共苏州市委改革办《苏州改革》刊发《融出一片广阔的新天地——昆山市融媒体中心改革试点的创新实践》专题调研文章，苏州市委常委、宣传部部长金洁作出批示，高度肯定昆山融媒改革试点谋划早、措施实、成效好，值得各地学习借鉴。

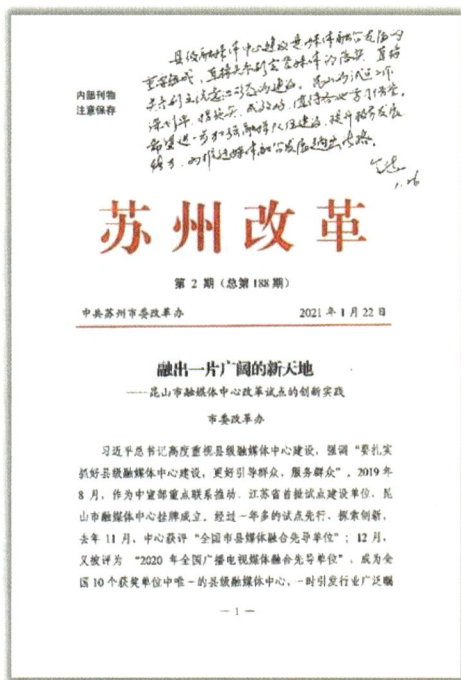

【深一度】

作为中宣部重点联系推动、全国首批建设试点的县级融媒体中心，一直以来，昆山市融媒体中心建设得到了多方的关注与高度评价。苏州市委常委、宣传部部长金洁在《苏州改革》上批示：县级融媒体中心建设是媒体融合重要组成，直接关系到党管媒体的落实，直接关系到主流意识形态的建设。昆山的试点工作谋划早、措施实、成效好，值得各地学习借鉴。希望进一步加强融媒队伍建设，提升服务发展能力，为推进媒体融合发展趟出新路。

在此之前，2020年9月30日，新华社《高管信息》周刊就报道了昆山市融媒体中心建设。文章称赞，昆山市融媒体中心"强调党建引领、用户导向、系统性思维和市场化运作。通过改革创新，他们坚守舆论阵地，做好社会服务，其相关思路和做法可为其他地区提供参考"。

● 2021年1月30日，昆山市融媒体中心（昆山传媒集团）召开第一届第一次职工代表大会，《昆山市融媒体中心（昆山传媒集团）薪酬与绩效改革实施方案（试行）》以98.5%赞成率高票通过。

【深一度】

在《薪酬与绩效改革实施方案（试行）》通过前，昆山市融媒体中心（昆山传媒集团）采取预发薪酬的方式，解决员工待遇问题。因此，制订科学合理的薪酬与绩效考核体系十分紧迫。薪酬与绩效考核体系涉及每个员工的利益，关系融媒改革的成败。中心（集团）党委十分重视，中心（集团）党委书记、主任、董事长左宝昌多次强调，既要主动作为，又要稳妥推进，千万不能因仓促出台而出现"翻烧饼"现象。为此，中心（集团）成立了薪酬与绩效改革专班，通过与第三方专业管理咨询公司的合作，借鉴外部成熟的管理体系，坚持开门搞改革，改革过程请员工一起参与，改革成果由员工共享，改革效果由员工评价，结合昆山市融媒体中心实际情况，经过36次专题会议讨论、8轮全员意见征询，在2020年10月份完成了《薪酬与绩效改革方案》初稿，于当年12月31日获得市委深改委第六次会议审议通过。

接着，昆山市融媒体中心（昆山传媒集团）开始筹备召开职工代表大会表决《薪酬与绩效改革方案》。为了开好这次职代会，中心（集团）人力资源部专门召开5场宣讲交流会，做好政策解释、宣讲和沟通工作，设立了专门的问询接待室，开通了专门的沟通热线，并在各党支部进行讨论。集团以开放的姿态、谨慎的态度、征询的方式接受职工对薪酬与绩效改革的意见建议。2021年1月30日，《薪酬与绩效改革方案》最终以98.5%赞同率通过了职工代表大会审议。从这天开始，全新薪酬与绩效方案正式启动，"两级考核二次分配"的绩效管理体系全面推开。

● 2021年2月，昆山市融媒体中心（昆山传媒集团）获评昆山市2020年度高质量发展综合考核第一等次，此后又连续两年获得综合考核第一等次。6月，昆山市融媒体中心（昆山传媒集团）党委荣获"昆山市先进基层党组织"荣誉称号，昆山市融媒体中心荣获市管领导班子2021年度考核"优秀"。

【深一度】

近几年来，昆山市委、市政府每年都要对全市各单位进行综合考评，考评体系科学、精准，涵盖党的建设、经济发展、社会管理、服务质量等方方面面。昆山市融媒体中心（昆山传媒集团）成立一年多，就面临这样的赶考，并连续三年获得第一等次，这既是市委、市政府和社会各界对昆山市融媒体中心融合改革取得的成效给予的充分肯定，也是大家继续前行的动力。

长风破浪会有时，直挂云帆济沧海。昆山市融媒体中心自成立以来，围绕市委、市政府中心工作，多维度呈现昆山打造中国式现代化的县域示范的务实之举，在融合中寻突破、在探索中走新路。在这里，有新闻理想的青年能找到施展才华的舞台；在这里，每个人都心往一处想、劲往一处使；在这里，从个体到团队，都始终没有忘记那一份初心，努力书写着不负时代、不负人民、不负使命的融媒故事。

● 2021年3月24日，作为全省三家县融代表之一，昆山市融媒体中心应邀参加江苏县级融媒体中心省级技术平台建设项目验收会。中心（集团）党委书记、主任、董事长左宝昌作交流发言。

● 2021年4月2日，昆山传媒集团与鲲众云计算科技有限公司签订战略合作协议，在数字媒体、智慧媒体建设及文化产业发展方面深度合作，用大数据和人工智能赋能新闻生产传播，推动媒体融合向纵深发展。

● 2021年4月14日，《对话企业家》栏目开播，这是昆山市融媒体中心（昆山传媒集团）成立后设立的首个服务企业家的栏目。该栏目倾听企业家心声，架起了企业与政府部门之间的沟通桥梁；通过企业家现身说法，进一步打响"昆如意"营商服务品牌。

【深一度】

如何通过创新电视栏目形式服务昆山经济社会发展？中心（集团）一直在思考。经过前期调研，除了开播《对话企业家》栏目外，还开播了《第一视角》栏目，聚焦昆山经济社会发展成就。2023年3月14日，与昆山市委宣传部合作，开设了理论栏目《鹿鸣万家》，让党的理论飞入寻常百姓家。为扩大电视栏目影响力，创新传播方式，通过微信、视频号率先传播，再通过电视二次传播。三个栏目开播后，取得了良好的社会效益，《第一视角》《对话企业家》先后获得苏州市广播电视新闻社教优秀栏目奖；《对话企业家》还荣获新华社2021年度县融中心优秀专题报道奖；《鹿鸣万家》荣获2022—2023年度苏州市"众说学习：我是冬训主讲人"优秀视频第一等次。

● 2021年4月27日，以市场化理念和模式承办第一个大型商业活动——沪苏同城"五五购物节"昆山狂欢购，同步上线运营昆山消费总入口"八八九商城"，紧跟数字经济浪潮，打造线上销售新平台。

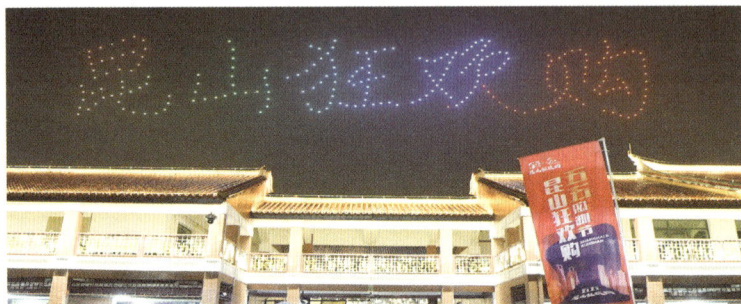

【深一度】

2021年4月27日晚，随着"宝岛又一村"慧聚夜市开街迎客，沪苏同城"五五购物节"昆山狂欢购在开发区慧聚广场火爆启幕。江苏省委常委、苏州市委书记许昆林，上海市嘉定区副区长李峰，上海市金山区副区长何冬宾，苏州市委常委、市委秘书长俞杏楠，市委常委、统战部部长姚林荣，副市长杨知评，昆山市委书记吴新明，市委副书记、市长陈丽艳，太仓市副市长许超震，昆山市台协会荣誉会长孙德聪、会长宗绪惠共同登台启动昆山狂欢购。昆山市领导张月林、冯仁新、沈一平、李晖、张桥出席活动。

昆山市融媒体中心（昆山传媒集团）党委书记、主任、董事长左宝昌，副主任杨报平对活动现场进行协调指挥。这场活动是昆山市融媒体中心开始布局新产业的全新尝试，是昆山传媒集团设立的子公司——文化传播有限公司，以市场化方式承接的第一个市级层面的大型活动，充分彰显了昆山市融媒体中心（昆山传媒集团）服务经济发展的能力，展示了中心（集团）的活力和良好形象。在昆山首次使用无人机现场表演圆满结束后，市委书记吴新明和市领导徐敏中、李晖对购物节活动给予了高度评价。

文化传播有限公司成立时间虽短，但以此为起点，在中心（集团）的支持下，迅速在全市大型活动市场中站稳脚跟，并于2022年营收突破千万元。

扫码观看

● 2021年5月17日，中国报业协会党报分会第六次会员代表大会召开，昆山市融媒体中心当选副会长单位，中心（集团）党委书记、主任、董事长左宝昌当选分会副会长。

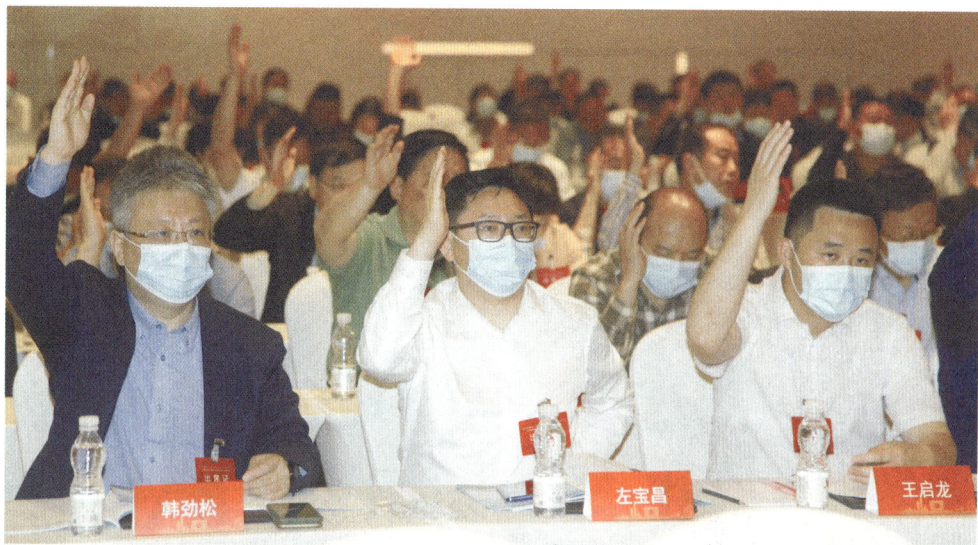

中国报业协会党报分会
第六届理事会
会长、副会长、秘书长单位

会长单位：无锡日报业集团

副会长单位(27家)：
华北地区2家：包头日报社、保定日报社
东北地区3家：沈阳日报社、长春日报社、丹东日报社
华东地区8家：合肥报业传媒集团、济宁日报业集团、南昌日报社、芜湖传媒中心、温州日报业集团、嘉兴日报业传媒集团、南通报业传媒集团、昆山市融媒体中心
中南地区8家：广州日报业集团、深圳特区报社、佛山日报社、珠海传媒集团、柳州日报社、平顶山日报社、黄石日报社、三峡日报传媒集团
西南地区4家：成都日报社、贵阳日报传媒集团、绵阳日报社、曲靖日报社
西北地区2家：兰州日报业集团、银川市新闻传媒集团

秘书长单位：无锡日报业集团

【深一度】

　　守正创新，是昆山市融媒体中心（昆山传媒集团）推动融合改革坚持的基本原则。在大力发展新媒体业务的同时，传统媒体平台《昆山日报》、昆视新闻在守正的基础上，不断推陈出新。正是由于在融合创新方面取得的显著成效，昆山市融媒体中心（昆山传媒集团）才获得此殊荣。同时，当选副会长单位也为中心（集团）进一步推进融合改革开拓了视野。

● 2021年7月至8月，优化重组编辑委员会、经营管理委员会、技术委员会，实行"委员会模式"扁平化管理，重组内容生产部门，成立全媒采访部、全媒编辑部。

昆山市融媒体中心（昆山传媒集团）在融合改革中的一个显著特点，就是思想解放，不受桎梏约束。曾经部门之间扯皮、推诿现象时有发生，协调事务花费精力过多。正是正视这一情况的存在，中心（集团）党委果断统一思想，对业务相近、相交、相助的部门进行整合，实行大部门制，打破中心和部门、领域和板块的界限，实现从"相加"到"相融"，从"融合"到"融活"。

● 2021年8月24日，昆山市融媒体中心开发区分中心成立；同年9月1日，昆山市融媒体中心旅游度假区分中心成立；之后，昆山高新区分中心进入实质性运作。构建并形成县级融媒体中心与多个区镇分中心协同的"1+N"架构模式，开启融媒精准贴地服务模式。

2021年8月24日，昆山市融媒体中心昆山开发区分中心成立，市委常委、昆山开发区党工委副书记、管委会副主任沈一平，市委常委、宣传部部长方雪华共同为昆山开发区分中心成立揭牌，市委宣传部副部长吴洁，昆山市融媒体中心（昆山传媒集团）党委书记、主任、董事长左宝昌，总编辑顾彩芳出席揭牌仪式。李传玉为开发区分中心主任。

2021年9月1日，昆山市融媒体中心旅游度假区分中心成立，市委常委、宣传部部长方雪华，副市长、昆山旅游度假区党工委书记宋德强共同为旅游度假区分中心成立揭牌，市委宣传部副部长吴洁，昆山市融媒体中心（昆山传媒集团）党委书记、主任、董事长左宝昌，副主任杨报平出席揭牌仪式。茅玉东为旅游度假区分中心主任。

2022年8月5日，昆山市融媒体中心高新区分中心正式运作，由于疫情的原因没有举办揭牌仪式。当天，市委常委、昆山高新区党工委书记孙道寻，与昆山市融媒体中心（昆山传媒集团）党委书记、主任、董事长左宝昌一行进行了座谈，就高新区分中心运作相关事宜进行商谈。汤天伦为高新区分中心负责人。

在区镇成立融媒分中心，是昆山推进媒体融合改革发展的一次创新探索，标志着昆山市融媒体中心将服务延伸到了基层，打通了媒体服务的"最后一公里"，走出了融合发展的一条全新路，彻底解决了融合传播不精、融媒服务不深、响应不够及时等问题。分中心成立，不断强化"1+N"架构模式，进一步提升了区镇宣传传播力和影响力，巩固了区镇宣传主流舆论阵地，呈现区镇、融媒一家亲的新景象。

扫码观看

● 2021年9月，江苏省委宣传部组织开展县级融媒体中心建设优秀案例评选活动，评出县级融媒体中心建设优秀案例18个。其中，昆山市融媒体中心"机制一变天地宽　激活人才动力源"获评"激发人才队伍活力"优秀案例。

江苏省县级融媒体中心建设
优秀案例名单

激发人才队伍活力

昆山市融媒体中心
机制一变天地宽 激活人才动力源

● 2021年11月8日，昆山市委书记周伟专程赴融媒体中心进行调研，看望一线新闻工作者，对融媒体中心组建以来的工作给予高度肯定。

2021年11月8日，昆山市委书记周伟调研融媒体中心，看望一线新闻工作者，对融媒体中心组建以来的工作给予充分肯定。周伟说："我感受最深的，一个就是你们的工作创新，第二个是改革，第三个是融合，我看你们都做得非常好，印象非常深刻。"他指出，新闻工作者的使命，在于乘发展之势、鼓实干之劲、聚奋进之力。要始终坚持以习近平新时代中国特色社会主义思想为指导，按照"建设新城市、发展新产业、布局新赛道"总体部署，聚焦主责主业，坚持守正创新，全力打造主流声音洪亮、传播渠道多样、融合个性鲜明、管理科学规范的全国融媒体样板。市委常委、宣传部部长方雪华参加调研。

近年来，昆山市融媒体中心在新体制机制的激励下，从"相加"到"相融"，一条有特色的媒体融合发展之路初步形成。周伟来到全媒体指挥中心，通过视频短片了解加快媒体融合发展、全媒体策采编发流程等情况，对融媒体中心为做大做强主流思想舆论所作的不懈探索给予肯定。来到"融媒e家"党建阵地，周伟对"党建+"实践给予认可，称赞这里创新浓度高，展现了融媒人的面貌和活力。在全媒采访部，周伟亲切看望常年工作在一线的记者、编辑。"你们辛勤劳动、默默耕耘，我代表市委向大家表示感谢。"周伟与大家亲切互动。他指出，媒体是传播党委声音的窗口，是联系群众的桥梁，希望大家继续深入基层、贴近群众，继续讲好昆山故事、传播好昆山声音、塑造好昆山形象。

随后的座谈会上，周伟与记者、编辑深入交流，对融媒体中心改革发展成效给予充分肯定，并就做好新闻宣传工作提出要求。周伟指出，组建融媒体中心的出发点和落脚点就是为了更好地宣传群众、教育群众、关心群众、服务群众。要坚持人民立场，构建面向群众的多元传播平台，努力把各项工作做到群众心坎上；要聚焦民生关注，勤走基层、多访民生，真正写出一批透着温度的民生新闻；要提升媒体赋能，从"媒体+技术"等角度深入社会治理等方面研究，不断提升新闻舆论的传播力、引导力、影响力、公信力。

周伟强调，要深化体制机制改革，以改革聚人心。要加强人才队伍建设，营造能者上、庸者下的氛围，让每个人都能在奋斗中收获成长，进而打造出一批立得住、叫得响、传得开的"全媒体"新闻产品；要注重服务能力提升，突出资源通融、内容兼容、宣传互融、利益共荣，提升现代传媒、数字传媒的知名度和影响力。市委、市政府将全力支持融媒体中心工作，市委宣传部和相关单位要做好服务，尽最大可能为新闻工作者创造良好环境。

扫码观看

● 2021年11月25日，昆山市融媒体中心（昆山传媒集团）获评2019—2020年度苏州市文明单位称号。

● 2021年11月，中心（集团）认真实施人才工作"书记项目"，针对年轻潜力人才和优秀骨干人才，分别打造了"琢玉计划"和"匠心计划"人才培养体系，并推动"青蓝对接"手牵手工程。

【深一度】

融合之初，昆山市融媒体中心面临的状况就是"人员不少，人才不多"，特别是适应媒体转型、产业升级的人才更是屈指可数。人才是事业的基础、发展的根基，而人才结构性矛盾成了融合发展路上的最大掣肘。全媒记者严重短缺，摄影摄像记者也急需补充，编导人才断层，电台主持人多年没有补充新鲜血液。为了突破人才短缺的困境，中心（集团）主要从"加强人才引进"和"加快内部培养"两方面发力。

一是加强外部人才引进。从其他大台大报引进不少优秀采编记者，还从知名技术公司引进了一批专业技术人才。目前，人才队伍正朝年轻化专业化方向不断优化。

二是加快内部人才培养。推动人才建设"三大计划"：启动年轻人才"琢玉计划"，立足破解人才断层问题，大力遴选青年后备人才，储备充实后备干部"人才库"；启动优秀骨干"匠心计划"，积极拓宽人才职业发展空间，着力培养一批名记者、名编辑、名主持人、名评论员；启动"青蓝对接"工程，鼓励阅历深厚、经验丰富、专业突出的传媒"老兵"与刚入职的年轻员工"一对一"牵手帮带，青蓝结对，言传身教。

● 2021年12月10日晚，由昆山传媒集团承接的第二届"双12苏州购物节"昆山狂欢购活动在大渔湾湖滨风情商业街启幕。昆山市委书记周伟，市委副书记、市长陈丽艳，市人大常委会主任张月林，市政协主席冯仁新，市领导沈一平、李晖、曹晔出席启幕仪式。

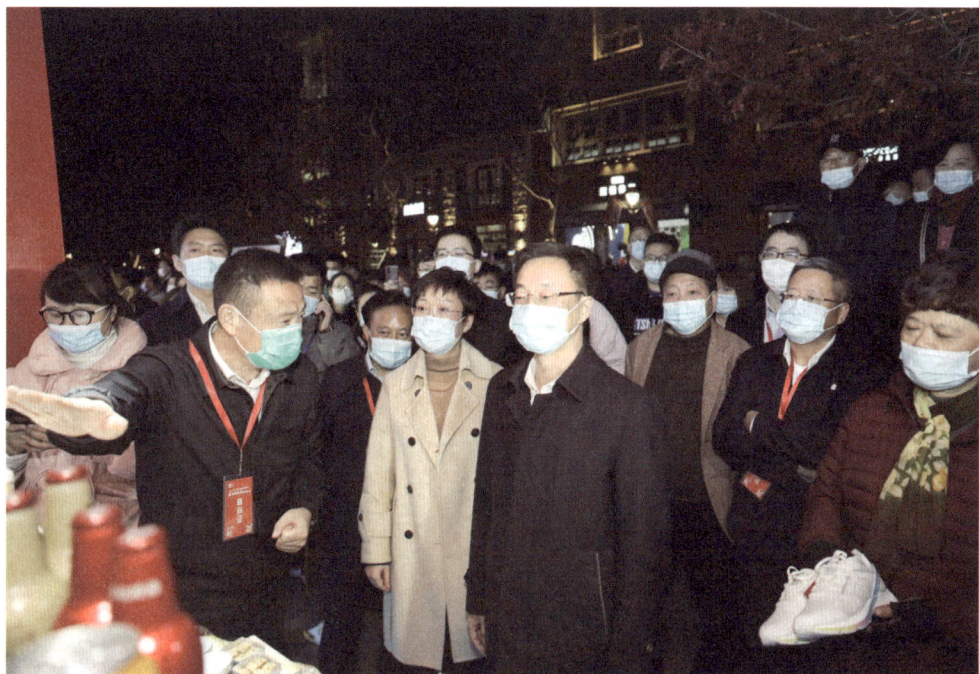

【深一度】

　　"双12苏州购物节"昆山狂欢购活动是昆山市为进一步发挥消费拉动经济增长的基础性作用而着力打造的消费品牌活动之一，2021年是第二届。活动发放1000万元的数字人民币消费券，覆盖吃、住、行、游、购、娱等超千户特色流量商户，进一步升级这场福利加满的消费盛会。本届昆山狂欢购活动更加突出两岸特色、更加注重数字消费、更加体现新潮时尚，时间跨度更长、参与主体更多、覆盖领域更广、消费业态更新、组织形式更活，整个活动一直持续至2022年2月。昆山传媒集团也从中积累了丰富经验，为承接全市更多大型活动奠定了坚实的基础。

● 2021年12月19日，第四届全国广播影视业创新年会暨"创新榜"优秀广播影视资源与项目推介盛典在贵阳市举办。推介盛典上，昆山市融媒体中心荣获"2021年度全国融媒体建设示范单位"，为县级融媒体中心建设提供了"昆山样板"。

【深一度】

本次推介活动是由亚广协（北京）媒体传播技术研究院主办，中国广播电视社会组织联合会广电研发委员会、中国广播电影电视报刊协会、中国电影制片人协会、亚洲广播影视促进会、《视界》杂志社协办。"创新榜"2021年度优秀广播影视资源与项目推介活动自9月初开展以来，共收到来自全国20多个省、自治区、直辖市等100多个广播电视机构、影视制作公司、新媒体单位的申报材料近600件。昆山市融媒体中心凭借近年来在渠道融合、内容融合、平台融合、人心融合和技术融合等方面的突出表现，最终脱颖而出，荣获组委会颁发的"2021年度全国融媒体建设示范单位"。

● 2021年12月30日，中共昆山市委十四届二次全会暨市委经济工作会议举行，市委书记周伟在报告中对媒体融合改革工作予以充分肯定。报告中写道："从严落实意识形态工作责任制，加快推进媒体深度融合发展，市融媒体中心获评全国融媒体建设示范单位，主流思想舆论持续巩固壮大。"

2022年 蝶变

媒体融合是一场长跑，慢进则退，不进则汰。进入媒体融合的下半场，必须要跳出媒体看媒体。首次与省台联合举办全省大型新闻行动，全省唯一的县融记者走进党的二十大新闻中心，在全省县融中率先建成智慧媒体数据中台……通过一次次美丽蝶变，昆山融媒人打通了媒体融合的『最后一公里』，连接群众的『最后一公里』、基层治理的『最后一公里』，让融媒改革不断绽放精彩。

● 2022年1月4日，昆山市融媒体中心党群服务中心"融媒e家"正式启用，打造了具有互联网特色的党建阵地和温馨家园，打开了员工思想碰撞的心灵之窗，奏响了全员温馨和谐的融合音符。

【深一度】

　　"融媒e家"不仅是中心（集团）党群服务中心阵地家园的名字，也是响亮的党建品牌。这个"e"即包含了三层含义：从造型上看，它是中心（集团）的Logo中的重要元素；作为英文字母，它是互联网的隐喻，是融媒转型的发展主战场，代表了全媒时代下媒体传播的主攻方向，让党和人民的声音成为网络空间最强音；从读音上理解，它也是昆山融媒"一家人"中"一"的谐音，引申出中心

（集团）鲜明的融合特色：一家人，一起拼！

从"两家人"到"一家人"，"物理融合"容易"化学融合"难，"人心融合"更是难上加难，两个单位人员间相互不熟悉，就亟须打造一个符合媒体人工作特性、适合媒体人性格特质的活动场所，一个能让大家共同学习、交流、互动的空间。虽然整个物理空间相对有限，但中心（集团）通过楼层格局再造，甚至腾挪出了5楼原班子成员及行政部门的办公场地共1200平方米，打造了如今广受员工欢迎的"融媒e家"。

2022年1月，"融媒e家"正式启用。本着"精简、节约、实用"的原则，围绕"开放、互动、共享"的特性，紧紧抓住媒体人身上的特质，用心打造了初心馆、昆小融咖吧、工青妇园地等多个板块。

在这里，可以了解到中心（集团）最初几年也是最艰难的几年所经历的各类标志性事件；在这里，时常可以看到各党支部正在开展每月的主题党日活动，严肃而热烈；在这里，还能感受到各个项目组创意策划、头脑风暴带来的惊喜与欢悦。这里有浓浓的咖啡、鲜香的果汁，有舒适的沙发和茶座，还有各类书籍刊物；这里成为不少惊艳短视频的创作取景地，也是很多员工工作间隙减压放松之所。一杯咖啡、一本读物，片刻小憩，融媒人在工作间隙也会拥有诗和远方。

融媒e家，亲如一家；见微知著，润物无声；心心相融，共创"媒"好。

● 2022年1月11日，昆山市融媒体中心（昆山传媒集团）获评2019—2021年度江苏省文明单位称号。

江苏省精神文明建设指导委员会文件

苏文明委〔2022〕1号

关于命名表彰2019—2021年度江苏省文明村镇、文明单位、文明校园（中小学）和江苏省文明行业的决定

各设区市、县（市、区）文明委，省文明委各成员单位，省各有关单位：

近年来，全省各地各部门坚持以习近平新时代中国特色社会主义思想为指导，深入学习贯彻习近平总书记关于加强社会主义精神文明建设的重要指示精神，全面贯彻党的十九大和十九届中央历次全会精神，认真落实省委、省政府部署要求，着力推动物质文明和精神文明协调发展，扎实开展文明村镇、文明社区、文明单位、文明校园和文明行业等群众性精神文明创建活动，全省人民思想觉悟、道德水准、文明素养和全社会文明程度显著提升，城乡环境面貌、社会公共秩序、公共服务水

份有限公司、昆山市住房和城乡建设局、昆山市烟草专卖局、昆山市城市管理局、昆山市交通运输局、昆山市融媒体中心（昆山传媒集团）、昆山市公共交通集团有限公司（本部）、国家统计局昆山调查队、苏州清越光电科技股份有限公司、沪士电子股份有限公司、江苏三维园艺有限公司、亨通集团有限公司（本部）、康力电梯股份有限公司、恒力集团有限公司（本部）、盈虹控股集团有限公司（本部）、苏州市吴江区人民检察院、苏州市吴江区商务局、苏州市吴江区行政审批局、苏州市吴江区烟草专卖局、苏州市吴江区气象局、吴江海关、苏州市住房公积金管理中心吴江分中心、苏州市吴江区人民法院、苏州市吴江区公安局、苏州市吴江区交通运输局、苏州市吴江区图书馆、苏州市吴江区市场监督管理局、国家税务总局苏州市吴江区税务局、国网江苏省电力有限公司苏州市吴江区供电分公司、中国邮政集团有限公司苏州市吴江区分公司、中国电信股份有限公司吴江分公司、中国移动通信集团江苏有限公司吴江分公司、江苏苏州农村商业银行股份有限公司、永鼎集团有限公司（本部）、江苏有线网络发展有限责任公司吴江分公司、中国联合网络通信有限公司吴江分公司、苏州市吴江区卫生健康委员会、苏州市吴中区人民法院、苏州市吴中区人民检察院、中共苏州市吴中区委老干部局、中共苏州市吴中区委党校、苏州市吴中区工业和信息化局、苏州市吴中区人力资源和社会保障局、苏

● 2022年1月30日，春节前夕，昆山市委副书记、市长陈丽艳来到昆山市融媒体中心（昆山传媒集团）慰问新闻工作者，并致以节日的问候。市人大常委会主任冯仁新，市委常委、常务副市长沈一平，副市长施伟华、钱许东参加慰问。

【深一度】

陈丽艳对新闻工作者的辛勤付出表示感谢，她说："融媒体一直都在改革创新的路上，也取得了非常好的业绩，感谢你们，你们辛苦了！"她指出，昆山市融媒体中心是全国媒体融合的榜样，希望大家承担起举旗帜、聚民心、育新人、兴文化、展形象的使命任务，不断创新报道形式，持续扩大报道影响力，积极打造名记者、名编辑、名主持、名团队，让党委政府的声音"飞入寻常百姓家"，助推新时代"昆山之路"越走越宽广。

扫码观看

● 2022年2月10日，市委办公室、市政府办公室印发昆办发〔2022〕20号文件，昆山市融媒体中心获评2021年度全市综合考核第一等次。

中共昆山市委办公室文件

昆办发〔2022〕20 号
★

市委办公室　市政府办公室
关于昆山市 2021 年度综合考核结果的通报

昆山开发区、昆山高新区，花桥经济开发区，旅游度假区党工委和管委会，各镇党委和政府，市各部委办局，各人民团体，各直属单位：

2021年，全市上下坚持以习近平新时代中国特色社会主义思想为指导，全面贯彻党的十九大和十九届六中全会精神，深入贯彻习近平总书记对江苏工作重要指示精神，紧紧围绕省委省政府、苏州市委市政府决策部署，坚决扛起"争当表率、争做示范、走在前列"光荣使命，统筹推进疫情防控和经济社会发展，奋力开启社会主义现代化建设新征程，高质量发展取得新的成效，"十四五"发展实现良好开局。

附件1
2021 年度综合考核等次名单

第一等次

区　镇： 昆山开发区、昆山高新区、花桥经济开发区、周市镇。

市级机关单位 A 组： 市委党校、市法院、市检察院、融媒体中心、市委台办、市级机关事务管理中心

市级机关单位 B 组： 市发改委、市财政局、市人社局、市住建局、市公安局、市科技局（科协）、市卫健委（红十字会）、市交通运输局、市农业农村局、市商务局（贸促会）、市资源规划局、市城管局、市民政局、市水务局、市应急管理局

市级机关单位 C 组： 市税务局、昆山生态环境局、国家统计局昆山调查队、市供电公司、昆山公积金中心、昆山海关、消防大队

市属国有企业： 昆山创控集团有限公司、昆山城投集团有限公司、昆山交发集团有限公司、市水务集团有限公司

参照第一等次

市级机关单位 A 组： 市委办公室（市委市政府接待处）、市人大机关、市政协机关、市纪委监委（市委巡察办）、市委组织部

● 2022年2月，面对突如其来的新冠疫情，昆山市融媒体中心（昆山传媒集团）党委统筹业务工作和疫情防控，成立新闻专班队伍、单位闭环管理队伍、一线采访报道队伍和战"疫"先锋志愿者队伍，闻令而动，兵分四路，奔赴"疫"线，为打赢疫情防控舆论引导主动仗贡献融媒力量。

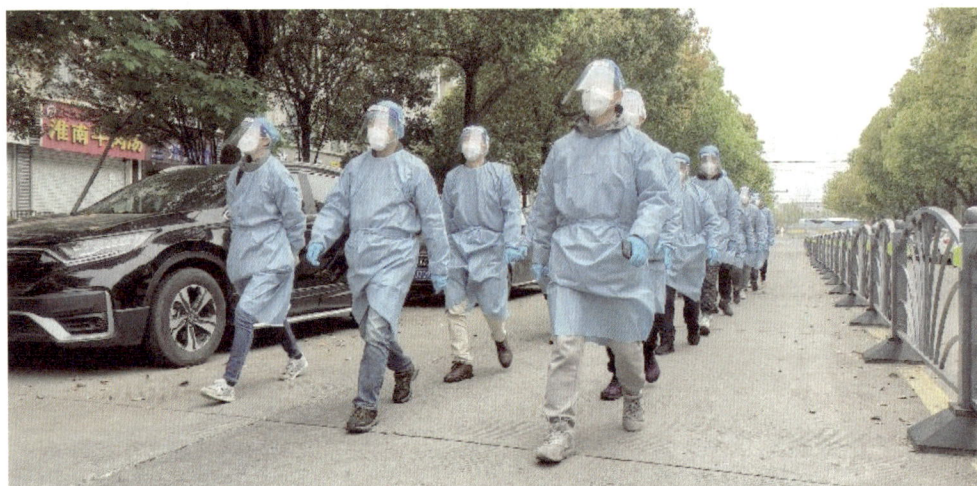

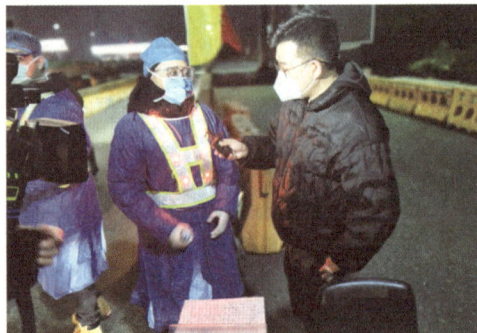

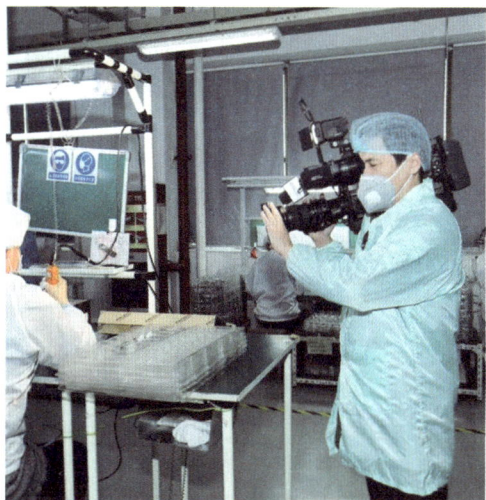

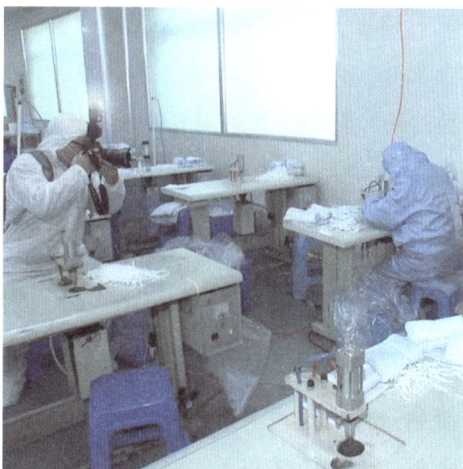

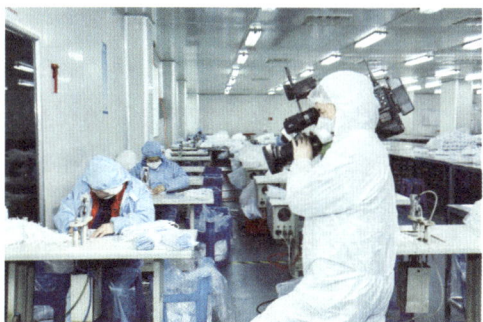

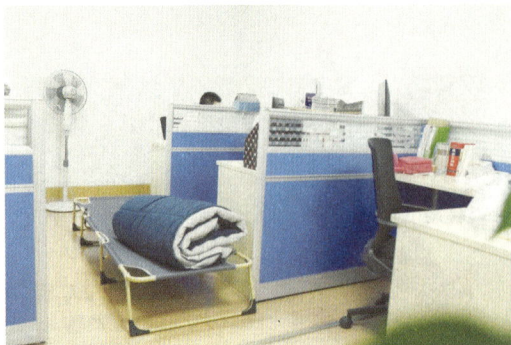

面对突如其来的疫情，昆山市融媒体中心（昆山传媒集团）按照市委、市政府统一部署，全员快速进入战疫状态，大家闻令而动，向"疫"而行，发挥媒体自身优势，发扬"不怕苦、不为难、不避险"的战斗精神，为昆山坚决打赢疫情防控这场硬仗营造良好舆论氛围，彰显了新闻工作者的责任和担当。

昆山市融媒体中心第一时间吹响"战'疫'集结号"，通过"昆山发布""第一昆山"等平台及时有效地发布有关疫情的官方权威政策、通告、消息等，全力打造权威信息平台。

2022年4月1日至5月6日，在疫情封控期间，中心（集团）实行三条战线共同"抗疫"：第一条战线，由党委书记、主任、董事长左宝昌，副主任沈伟、杨报平带领一支精干力量，27天封闭式在单位24小时值守，睡办公室、躺行军床，确保电视、电台正常播出，并为一线采编人员提供技术和业务支撑；第二条战线，由总编辑顾彩芳、副主任陈佩华、副总经理吴佳希带队，"两办"专班记者和新媒体制作团队第一时间进驻设在市委党校的市新冠肺炎疫情联防联控指挥部，24小时待命，现场采写、现场审核、现场发布，以确保各平台以"零距离"的优势向广大市民发布最新信息；第三条战线，由纪委书记马安妮、副总经理公冶玉坤带领单位161名志愿者奔赴社区、管控区、隔离点、交通卡口，送物资、做核酸、搞宣传，共出动1000人次。

全媒体指挥中心策划推出"坚决打赢疫情防控阻击战"系列融媒评论和"机关党员干部和社会志愿者冲在疫情防控一线""'疫'线微光城市守护者""城市保供""抗疫暖心故事"等多个系列报道，全程记录这场全民抗疫阻击战。

虽然因为封控要求到岗的人数变少了，但快速采写新闻和及时推送的速度不能慢，稿件数量和推送质量不能打折扣。为确保新闻及时高效发布，记者编辑直接把家"搬"到单位。他们睡办公室，躺行军床；他们深入疫情防控最前沿，24小时连轴转；他们用口罩做"盾牌"，把相机当"武器"。不管遇到什么困难，他们都不曾退缩，选择迎难而上。这份坚持、坚信、坚守，就是他们的责任与担当。

昆山市融媒体中心的新闻工作者在记录社会动态、捕捉民生民情的同时，还积极响应党和人民的召唤，下沉一线参与志愿服务工作，切实扛起志愿服务与宣传报道双重责任。2022年4月1日，昆山市张浦镇突发大面积疫情，中心（集团）党委迅速发出"集结令、动员令"，党员干部纷纷自告奋勇，挺身而出，奔赴一线。凌晨4点，20多名志愿者在一小时内迅速集结完毕，并于清晨下沉张浦镇牡丹苑封控区、管控区，投入封闭式防控志愿工作。在一线抗疫驻守期间，每人每天工作超12个小时，送物资、做核酸、搞宣传，其间统一安排住宿，早出晚归，一连20多个日夜奋战，严守纪律，没有一个人退缩，大家的辛苦最终迎来了小区快速解封。临走时，很多居民送别融媒志愿者，通过现场和微信群等表达不舍和感谢。

关键时期，昆山融媒人发扬了"特别讲政治、特别能吃苦、特别能战斗"的精神，用笔尖和镜头守护着这座我们热爱的城市，为昆山人民打赢疫情防控阻击战无私奉献智慧和汗水。

● 2022年4月15日，昆山市融媒体中心被新华社评为全国县融中心综合影响力优秀案例TOP10。

● 2022年5月31日，"鹿城有戏·职要你来"2022年昆山名企优岗直播引才暨黑龙江省高校专场活动在昆山市融媒体中心启动。黑龙江省大学生就业创业指导中心、黑龙江省部分高校领导与昆山市人力资源和社会保障局、昆山市融媒体中心（昆山传媒集团）主要领导共同为新设立的四所高校引才工作站揭牌。

【深一度】

本次活动既是贯彻落实国家和江苏省普通高等学校毕业生就业创业工作电视电话会议及苏州续会精神的具体举措，也是确保2022年昆山高校毕业生就业大局稳定的重要途径。特别值得一提的是，直播引才的创新之举，得到了央视的关注。

当天，万洲、三一、立讯、清陶、沪光、皓康共6家国家高新技术行业领军企业、国家级创业孵化载体的HR和校友代表亮相直播间，优选出1045个优质毕业生岗位，向屏幕前的黑龙江高校师生和广大求职毕业生直播带岗；江苏金发科技新材料有限公司等30余家昆山市"六新"产业用人单位，也诚意满满地发布了3000余个优质岗位，涵盖金融、管理、外语、机械制造及其自动化、计算机科学与技术、信息通信、高分子材料等各类专业或不限专业的职位在线招揽人才，其中年薪12万以上的中高端优质岗位近1000个。90分钟的直播时间里，吸引6.34万人在线观看，当场收到投递简历861份。

● 2022年6月2日，中共昆山市委办公室印发昆办发〔2022〕56号文件，昆山市融媒体中心获得市管领导班子2021年度考核"优秀"等次。

● 2022年6月20日，昆山市人民政府发文，陈佩华同志任昆山市融媒体中心总编辑，免去市融媒体中心副主任职务；免去顾彩芳同志昆山市融媒体中心总编辑职务（另有任用）。

● 2022年6月24日，江苏省新闻工作者协会县级融媒专业委员会一届一次全体会议在南京举行。会议审议并通过《江苏省记协县级融媒专业委员会章程》，推举产生省记协县级融媒专委会第一届领导机构。昆山市融媒体中心（昆山传媒集团）当选为副秘书长单位，中心（集团）党委书记、主任、董事长左宝昌当选副秘书长。

江苏省新闻工作者协会县级融媒专业委员会全体委员合影
2022年6月24日·南京

● 2022年6月28日，播控中心一期项目正式启用，包括电视播控机房、核心机房、上载机房、UPS机房建设，实现电视节目全频道高清播出。建成后的播控中心具备广播、电视、应急广播、网络、移动端等多平台节目同步调度播出的能力，能充分满足当前及今后一段时间受众对高质量广播电视节目的需求。

● 2022年7月，昆山市融媒体中心《昆山小康大事记》微纪录片获2022全国优秀区域融媒体纪录片创新发展最具品牌影响力TOP10。

● 2022年7月7日，昆山市纪委监委市属企事业单位纪委工作例会在昆山市融媒体中心（昆山传媒集团）召开。会前，与会人员参观了中心（集团）廉勤阵地，昆山市融媒体中心（昆山传媒集团）党委书记、主任、董事长左宝昌，纪委书记马安妮陪同参观。

● 2022年8月2日，昆山市融媒体中心（昆山传媒集团）党委书记、主任、董事长左宝昌（图左）专程拜访江苏省广播电视总台党委书记、台长葛莱，双方就县融和省台的联动合作进行深入交流。中心（集团）总编辑陈佩华、总经理助理韩斌参加拜访。

● 2022年8月30日，"潮起东方"江苏广电总台联手省市县三级百家媒体喜迎党的二十大融媒体新闻行动启动。省委常委、宣传部部长张爱军，省委宣传部副部长、省政府新闻办主任卜宇，省广电总台党委书记、台长葛莱共同启动融媒体新闻行动。昆山市融媒体中心"云连线"参加活动，并作为县融代表交流发言。

【深一度】

　　为深入学习宣传贯彻习近平总书记在省部级主要领导干部专题研讨班上的重要讲话精神，将喜迎党的二十大宣传报道推向高潮，江苏省广播电视总台携手省市县三级百家媒体，推出融媒体新闻行动"潮起东方"，全面展现江苏以习近平新时代中国特色社会主义思想为指引，在省委、省政府的坚强领导下，各领域发展实现的历史性跨越，取得的非凡成就。昆山市融媒体中心（昆山传媒集团）党委书记、主任、董事长左宝昌通过"荔枝云"平台在线交流发言。

　　潮起东方，省市县媒体携手共写非凡十年"江苏篇章"，也开创了县融深度参与更高更广层面宣传的新篇章。2023年2月22日至23日，由江苏广电总台主办的"绽放在乡村振兴路上的笑脸"融媒体行动启动仪式在昆举办。省广电总台党委书记、台长葛莱，昆山市委常委、宣传部部长方雪华，副市长、千灯镇党委书记秦微晰等出席启动仪式。

　　昆山市融媒体中心（昆山传媒集团）在融合改革发展中，坚持与大报、大台进行合作，借助上级媒体的传播力、影响力和公信力，把昆山打造中国式现代化的县域示范取得的成效和经验宣传好，讲好昆山故事，为昆山发展注入澎湃动力。

● 2022年9月8日—10月8日，昆山市融媒体中心（昆山传媒集团）开启"奋进新征程　建功新时代·非凡十年"区镇行大型新闻行动。全方位多层次反映各区镇十年来取得的非凡成就和宝贵经验，进一步凝聚起奋进新征程、建功新时代的磅礴力量，以实际行动迎接党的二十大胜利召开。

【深一度】

从2022年9月8日起，市委常委、昆山开发区党工委副书记、管委会副主任徐敏中，市委常委、昆山高新区党工委书记孙道寻，市委常委、花桥经济开发区党工委书记、管委会主任李晖，市政协副主席、昆山旅游度假区党工委书记宋德强和周市镇党委书记陈建中、张浦镇党委书记顾向民、陆家镇党委书记方勇、巴城镇党委书记石建刚、千灯镇党委书记秦微晰、淀山湖镇党委书记钱建、锦溪镇党委书记宋崎、周庄镇党委书记朱天舒先后到昆山市融媒体中心（昆山传媒集团）参加"奋进新征程　建功新时代·非凡十年"区镇行大型新闻行动的录制活动。

这次新闻行动一方面把区镇"一把手"请进演播室，与主持人一起谈十年非凡成就、宝贵经验，讲规划绘蓝图；另一方面，记者化身"昆小融"进企业、到农田，将笔头和镜头递到一线，问情于群众、问需于基层，以"一进一出"双向互动交融式的内容生产方式和"拼图"的形式，生动呈现出十年来昆山经济社会飞速发展、基层干部群众坚定共赴美好未来的画卷。同时，在表达形式上，力求多元化报道，打好矩阵式传播组合拳。

"奋进新征程　建功新时代·非凡十年"区镇行大型新闻行动，不仅展示了各区镇的现代化生动实践，也让各界近距离看到了昆山市融媒体中心改革的成果，是一场别具意义的"双向奔赴"。

● 2022年9月9日，中宣部部刊《宣传工作》刊发昆山市委书记周伟的署名文章《用融媒体中心为城市聚力赋能凝心铸魂》。该文刊出后，昆山市融媒体中心建设取得的经验和成效再次受到业内高度关注。

【深一度】

2022年9月9日，中宣部部刊《宣传工作》"县级融媒体中心建设大家谈"栏目刊发昆山市委书记周伟署名文章《用融媒体中心为城市聚力赋能凝心铸魂》。

文章刊载后，周伟作出批示，指出："很好，传播昆山好声音。下一步，要创新融媒体中心机制体制，既保障党的主要舆论阵地作用发挥，又激发全员创新创业活力，扩大融媒体中心的影响力和创新力。"

● 2022年9月9日，昆山传媒集团与浪潮集团签署战略合作框架协议，中心（集团）副主任沈伟、副总经理公冶玉坤参加签约仪式。双方将共同发挥各自平台和资源优势，围绕融媒数字化、各类空间的智能化终端应用、文化数字化等方面，推动重点项目合作。

● 2022年9月18日，昆山市人民政府发文，公冶玉坤任昆山市融媒体中心副主任。

● 2022年9月21日，市委书记周伟前来昆山市融媒体中心，为元宇宙虚拟数字人配音，并调研了融媒体中心播控中心、应急广播及机房建设情况。周伟指出，要通过加大技术投入，确保节目安全播出；健全应急广播体系，确保党委和政府声音迅速传达到村庄。

● 2022年9月，昆山市融媒体中心智慧媒体数据中台建成启用，以"跨业务、跨系统、跨平台"先进技术，实现图片、视频、音频等海量融媒数据价值再挖掘、再开发、再利用。

　　为了适应现代数字媒体发展需要，提升媒体智能化管理水平，经过广泛调研和分析，昆山市融媒体中心基于"打通"理念和"共融"模式，综合运用现有的大数据、AI智能、对象存储、云计算等先进技术，创新研发了智慧媒体数据中台系统。

　　智慧媒体数据中台以用户与服务为基本点，将传统的广播、电视、纸媒等媒体机构珍贵声像、图片、文字资料进行大数据、AI人工智能处理，实现结构化与非结构化的数据整合，大幅度提升数据管理与使用效率。

　　● 2022年10月16日，中国共产党第二十次全国代表大会在京开幕。昆山市融媒体中心（昆山传媒集团）为江苏全省唯一一家派记者进驻大会新闻中心并直接参与大会相关采访报道工作的县级融媒体中心。

【深一度】

　　"昆山市融媒体中心记者在北京为您带来党的二十大盛会报道。"2022年10月16日，昆山市融媒体中心全媒体记者姚启文发自人民大会堂前的一条短视频报道，瞬间刷屏了昆山人的朋友圈！这是昆山市融媒体中心记者第一次走进人民大会堂参与全党全国重大活动的报道，也是此次全省唯一的一家市县级媒体。

　　大会期间，全媒体记者姚启文身兼数职，出镜、拍摄、采访、剪辑，为昆山县融制作发布了新媒体短视频、电视新闻、报纸图文等数十条报道，在二十大报道中展现出基层一线媒体的实力与风采。除了代表昆山县融出战，姚启文还有另一个身份，就是江苏二十大前方报道团的重要一员。整个会期报道中，他与江苏广电总台记者统一编组，密切配合，完成了报道团的多项任务。其中，党的二十大代表、昆山市委书记周伟在"党代表通道"接受采访的相关内容，一经发布迅速成为爆款，全网总阅读量超过了8345万。

昆山市融媒体中心拿到这张入场券，背后是昆山融媒改革付出的汗水和努力，是融媒改革成效和采编业务能力得到了上级部门充分认可和信任。正是因为这份信任和认可，最终，全省唯一一张市县媒体的"入场券"交到了昆山融媒人的手上。也正是因为这张"入场券"，昆山市融媒体中心全媒体记者可以在人民大会堂顺利采访到两位昆山的党代表，并第一时间把他们的声音传回昆山，较好地承担起报道二十大的使命与职责。

这背后是一份满满的自信。昆山市融媒体中心坚持媒体融合改革，通过优化运行体系、创新激励机制、重塑策采编发全流程，最大限度释放了新闻生产力。记者从过去传统的报纸记者、电视记者，如今一个个都修炼出了"十八般武艺"，一人身兼出镜、拍摄、采访、剪辑等多重角色，每一个人都在努力告别"本领恐慌"。

"有态度、有深度、有温度"，这是印在昆山市融媒体中心办公楼墙上的一句话，同样也是印在每一个全媒体记者心中的目标。有这样一支踔厉奋发、勇毅前行的记者队伍，相信未来一定会有更多的昆山融媒人走上更大的舞台，向世界讲好昆山故事、唱响昆山声音。

● 2022年10月26日，江苏省新闻出版局印发苏新出发〔2022〕17号文件，昆山日报获2022年出版传媒融合发展创新案例。

江苏省新闻出版局文件

苏新出发〔2022〕17号

江苏省新闻出版局关于 2022 年江苏省
出版传媒融合发展创新案例的通报

各设区市新闻出版局、新华报业传媒集团、群众杂志社、省广电总台（集团）、江苏凤凰出版传媒集团、各设区市报业传媒集团，有关省属出版单位：

为加快推进出版传媒深度融合发展，发挥创新案例示范引导作用，省新闻出版局组织开展了 2022 年江苏省出版传媒融合发展创新案例征集评选活动，经评审、公示，确定"大型互动手绘新闻产品《星火传奇》"等 10 个项目为江苏省出版传媒融合发展创新案例，"庆祝建党百年短视频系列"等 10 个项目为江苏省出版传媒融合发展创新案例（提名），现予公布（名单附后）。

此次入选的案例，在全媒体传播体系建设、网络内容建设、前沿技术应用、创新产品内容和服务模式、体制机制创新、全媒体人才培养等方面作出积极有益的探索，具有一定的示范作

附件1

江苏省出版传媒融合发展创新案例
入选名单
（10个）

序号	案例名称	报送单位
1	大型互动手绘新闻产品《星火传奇》	江苏新华云媒科技股份有限公司
2	基于5G技术打造大运河、长江IP	江苏现代快报传媒有限公司
3	《号角催征——解码<新华日报>老报纸里的百年初心》大型融媒体报道	新华日报社
4	《后浪奔腾》短视频栏目	紫金山新闻客户端
5	琢玉匠心育人才 加减乘除强激励——昆山日报人才培养体系	昆山日报社
6	凤凰数字教材	江苏凤凰电子音像出版社有限公司
7	"庆祝中国共产党成立100周年"主题有声书	江苏人民出版社有限公司
8	数字中国大运河文化数字资源库	江苏凤凰科学技术出版社有限公司
9	江苏数字农家书屋（平台版）	江苏凤凰数字传媒有限公司
10	"凤凰云编审"三审三校流程管理系统	江苏凤凰报刊出版传媒有限公司

● 2022年11月7日，昆山市举行庆祝第23个中国记者节活动。市委书记周伟出席并讲话。活动上，揭牌成立"昆山传媒智库"，为打造中国式现代化的县域示范提供智力服务；表彰了"第二届十佳全媒新闻工作者"。

【深一度】

2022年11月7日，昆山市庆祝第23个中国记者节活动举行。市委书记周伟出席并讲话，高度肯定昆山融媒队伍是一支政治素质过硬、忠诚干净担当的队伍，市委市政府将一如既往支持媒体深度融合发展，从政策、资金、人才等方面强化保障。他表示，近年来，全市新闻战线认真贯彻落实习近平总书记关于新闻舆论工作的重要论述，把牢正确政治方向，做大做强主流舆论，推动媒体融合发展，真切感知民情冷暖，用细腻笔触记录时代脉搏、用独到视角见证历史变迁、用精彩镜头呈现发展成就，讴歌了全市人民感恩奋进、砥砺前行的奋斗豪情，营造了全市上下踔厉奋发、笃行不怠的浓厚氛围，为昆山全力打造社会主义现代化建设县域示范提供了坚强思想保证、凝聚了强大精神力量。他希望全市广大新闻工作者坚持以习近平新时代中国特色社会主义思想为指导，深入学习宣传贯彻党的二十大精神，自觉履行举旗帜、聚民心、育新人、兴文化、展形象的使命任务，带着对新闻事业的无比忠诚，带着对人民群众的无尽深情，带着对昆山这座城市的无限热爱，争做党的政策主张的传播者、时代风云的记录者、社会进步的推动者、公平正义的守望者，为昆山奋进新征程、建功新时代提供坚强有力的舆论支持。市委副书记徐华东，市委常委、组织部部长、统战部部长孙勇，市委常委、宣传部部长方雪华出席活动。

活动期间，市融媒体中心与头部互联网公司百度达成合作协议，依托百度智能云曦灵数字人平台、百家号开展AIGC（人工智能生成内容）合作，共建"百度智能云昆山融媒创新实验室"；与央视等头部媒体开展深度合作；揭牌成立"昆山传媒智库"，为昆山打造中国式现代化的县域示范提供智力服务。昆山市表彰了"第二届十佳全媒新闻工作者"，三位记者代表结合工作，向大家分享了新闻背后的温度和力量。

刘毕亮、李松巍、邹明阳、张丹、张田、周舟、赵秀秀、姚启文、缪兰、穆威龙荣获"第二届十佳全媒新闻工作者"称号。

扫码观看

● 2022年11月8日，昆山市融媒体中心（昆山传媒集团）以"融赢未来 共创媒好"为主题，举办活动庆祝第23个记者节。分组破冰、百米穿杨、群龙取水、拔河比赛、珠行万里等趣味活动，点燃了大家的激情。中心（集团）班子领导与员工们一起比赛，为大家鼓劲加油，在欢快热烈的氛围里迎接更加美好的未来。

● 2022年12月13日，昆山市融媒体中心（昆山传媒集团）"昆小融"帮帮团获2022年度全省网络视听新媒体"十佳"栏目。

● 2022年12月9日，荔枝云融合新闻本地化项目完成专家组验收并正式上线，进一步完善了县级融媒体技术平台建设。同时，荔枝云边协同模式也是在江苏省内的首次落地应用。

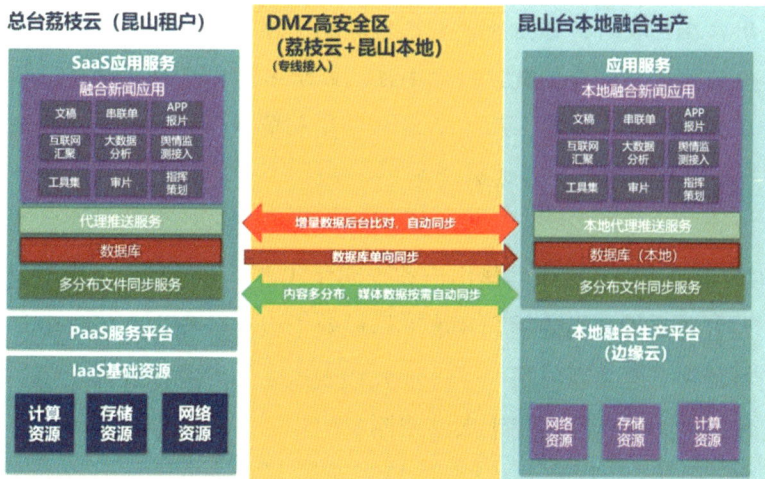

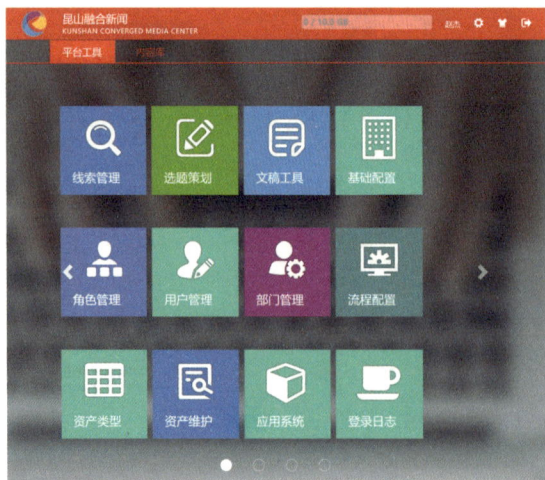

【深一度】

根据江苏省委宣传部、省网信办等8部门联合印发的《关于加强县级融媒体中心建设的实施意见》的通知要求，县级融媒体中心自主建设的新闻生产平台逐步整合到省级荔枝云平台，入驻后隶属关系、运营主体不变。昆山市融媒体中心（昆山传媒集团）全面加快平台整合进度，开展荔枝云本地化部署。

项目于2021年12月13日开始筹备建设，以媒体融合发展为目标，既解决现实使用问题，又兼顾未来发展趋势，旨在构建出一个具有可靠、高效、先进、灵活、经济实用等特点的技术平台。

项目采用了"云+边缘"的技术架构，以本地荔枝云边缘节点融合新闻生产平台为主、荔枝云公有云融合新闻生产平台为辅，完成媒体融合的云边协同，并以技术手段实现本地边缘节点与公有云数据的实时同步，一方面扩展了融合生产的广度，让用户在互联网、办公网、生产网环境下协同生产，另一方面又起到了数据异地备份的作用，提升了数据的安全性。此次本地化平台的建设，打破了原有架构，与省级平台共建共赢，携手突破各个技术壁垒，并创新性地采用基于边缘节点的云边协同生产架构，县级融媒迈出新步伐。

● 2022年12月13日，中共昆山市委十四届四次全会举行，市委书记周伟在报告中对重大主题宣传和媒体融合改革工作成效予以充分肯定。报告中写道："开展'奋进新征程、建功新时代''二十大代表风采''党代表话十年'等系列重大主题宣传活动，营造喜迎二十大的浓厚氛围。""深度推进媒体融合，主流媒体的传播力、引导力、影响力、公信力持续提升。"

2023年 出圈

一代代昆山新闻人都有一个梦想：摘取新闻界「皇冠上的明珠」——「中国新闻奖」！五年磨一剑，一朝试锋芒！第33届中国新闻奖评选中，昆山市融媒体中心创造了新的历史、取得了重大突破：由昆山市融媒体中心单独送评的作品《一线调研：信心从何来？》获得三等奖！由江苏省台带领县融共同创作的《潮起东方 寻找百强「共富」密码》，获得二等奖！如今，昆山市融媒体中心围绕市委、市政府中心工作，不断跨界、出圈，推出全国首个县级融媒体3D超写实AI数字人主播；采制全国县级融媒体中心首档元宇宙专题栏目《你好，元宇宙》；利用北大、中国社科院等的专家资源，建立传媒智库，赋能融媒建设和昆山产业发展……在昆山打造中国式现代化的县域示范过程中，努力提供最坚强的舆论支撑！

● 2023年1月13日，党的二十大代表、昆山市委书记周伟走进昆山市融媒体中心《对话先锋》栏目，录制"学习贯彻党的二十大精神"特别节目，带领全市干群深入学习贯彻党的二十大报告精神，凝心聚力打造中国式现代化的县域示范。

● 2023年1月20日，昆山市委书记周伟，市委副书记、市长陈丽艳，市人大常委会主任冯仁新，市政协主席管凤良在市融媒体中心录制迎新春拜年贺词。

【深一度】

岁序常易，华章日新。过去的一年，极不平凡、极为艰难、极其难忘。面对严峻复杂的外部环境、超出预期的多重压力挑战，全市上下坚持以习近平新时代中国特色社会主义思想为指导，以迎接党的二十大、学习宣传贯彻党的二十大精神为主线，全面落实"疫情要防住、经济要稳住、发展要安全"的重大要求，建设新城市、发展新产业、布局新赛道，与病毒较量、为城市而战，实现了经济持续健康发展和社会大局稳定，取得了殊为不易的成绩，获得全国百强县市18连冠。

在新春拜年贺词中，四套班子领导代表昆山市委、市人大、市政府、市政协向全市人民，向所有关心支持昆山发展的海内外朋友，致以新春的问候和诚挚的祝福！向节日期间坚守岗位、辛勤付出、守护平安的同志们，致以亲切的慰问和崇高的敬意！衷心祝愿伟大祖国繁荣昌盛、国泰民安！衷心祝愿昆山明天更加灿烂、更加美好！衷心祝愿全市人民和海内外朋友兔年吉祥、幸福安康！

扫码观看

● 2023年1月，中共昆山市委发文，曹勇同志任昆山市融媒体中心（昆山传媒集团）党委副书记，免去昆山文商旅集团公司党委副书记职务；市委组织部发文，提名曹勇同志聘任昆山传媒集团副总经理。

● 2023年2月5日，昆山市融媒体中心因时而动、乘势而上，积极抓住数字经济发展机遇，主动顺应融媒改革创新趋势，推出全国县级融媒体中心首个3D超写实AI数字人主播，真正让新闻"活起来"，为广大受众带来突破次元壁的智能新体验。

2022年9月26日，在昆山市元宇宙产业发展战略咨询会上，市委书记周伟指出，昆山将全面引育元宇宙增量，积极开拓数字经济新蓝海。2022年12月9日，《昆山市元宇宙产业创新发展行动计划（2022—2025年）》发布。面对全新的"元宇宙"等数字化升级风口，昆山融媒主动作为，积极融入数字化发展浪潮。

虚拟数字元宇宙技术与媒体传播的结合将会是一个全新赛道，可以带来颠覆式的感官体验和沉浸式的传播效果。昆山市融媒体中心因时而动、乘势而上，积极抓住数字元宇宙发展机遇，主动顺应融媒技术创新趋势，推出全国县级融媒体中心首个3D超写实AI数字人主播。

● 2023年2月7日，昆山市融媒体中心不断拓展"数字+"应用场景，推出了全国县融首档元宇宙专题栏目《你好，元宇宙》，聚焦昆山元宇宙产业发展的前沿资讯、最新进展、重磅政策等，探讨元宇宙热点话题，展示元宇宙技术在昆山未来应用场景，助力打响"打造元宇宙产业看昆山，发展元宇宙产业来昆山！"品牌，受到市委、市政府的高度称赞。截至目前已推出近40期。

该栏目由数字人"昆小融"担任主播，打造了AIGC技术赋能媒体内容生产的样板案例，赋能元宇宙多元生态，为昆山打造中国式现代化的县域示范贡献媒体力量。数字人"昆小融"还担任了昆山国安宣传大使，拍摄公益短视频《昆小融说国家安全——无声的守护》；作为昆山党史主讲人，录制《党员教育系列微党课》；在重大主题性新闻报道采访、全市各类大型活动主持、行政审批中心大厅引导等场景中已广泛应用。数字人主播"昆小融"IP在重大主题性新闻报道中也频频担任外景主持，还经常出现在全市各类大型活动中。

● 2023年2月8日至9日，由江苏省新闻工作者协会县级融媒专业委员会主办的2022年度江苏省县级融媒好新闻评审会在昆山市举行。

【深一度】

这是省记协县融专委会成立以来，根据新制订的《江苏省县级融媒好新闻评选办法》，首次面向全省县级融媒体中心的好新闻评审。经过严格规范的小组评议、评委审议、全体票决等程序，评出170件拟获奖作品。江苏省记协主席周跃敏、常务副主席刘守华等一行出席评审会并担任评委。

● 2023年2月16日，由中国计算机行业协会元宇宙产业专委会、昆山市人民政府联合主办的元宇宙产业大会2023春季会，在昆山国际会展中心开幕。开幕式上，16家元宇宙企业签约落地，8个元宇宙应用场景现场发布。由昆山市融媒体中心与北京百度网讯科技有限公司合作的"百度智能云昆山融媒创新实验室"项目签约落地，中心（集团）党委书记、主任、董事长左宝昌（左一）上台签约。

● 2023年2月17日，昆山市融媒体中心与百度智能深度合作，成为百度文心一言（英文名：ERNIE Bot）首批生态合作伙伴。

【深一度】

昆山市融媒体中心把百度领先的智能对话技术成果应用在媒体内容生产领域，第一昆山APP也将优先内测试用文心一言，与百度在产品研发、标准制定等多个领域展开深化合作，为用户打造全场景"AI+媒体"人工智能解决方案及服务，同时依托智慧互联、创新互联，引领媒体深度融合发展和产业变革与升级，打造县融"新闻+政务服务商务"AI客户端平台。

6月20日，中心（集团）依托《百度智能云与昆山传媒集团战略框架合作协议》，与百度智能深化合作，引进1套数字人光学动作捕捉系统，以及1台计算引擎工作站、动作捕捉相关设备，1套动捕及周边设备，赋能数字人"昆小融"和《你好，元宇宙》栏目制作。

● 2023年2月，由省委宣传部组织开展的"2022年度江苏省县级融媒体中心建设优秀案例"评选结果公布，昆山市融媒体中心（昆山传媒集团）申报的《以党的二十大精神为指引　讲好新时代"昆山之路"故事》获评"重大主题精品生产"优秀案例，排名该类作品第一位。中心（集团）已经连续两年获得该奖项。

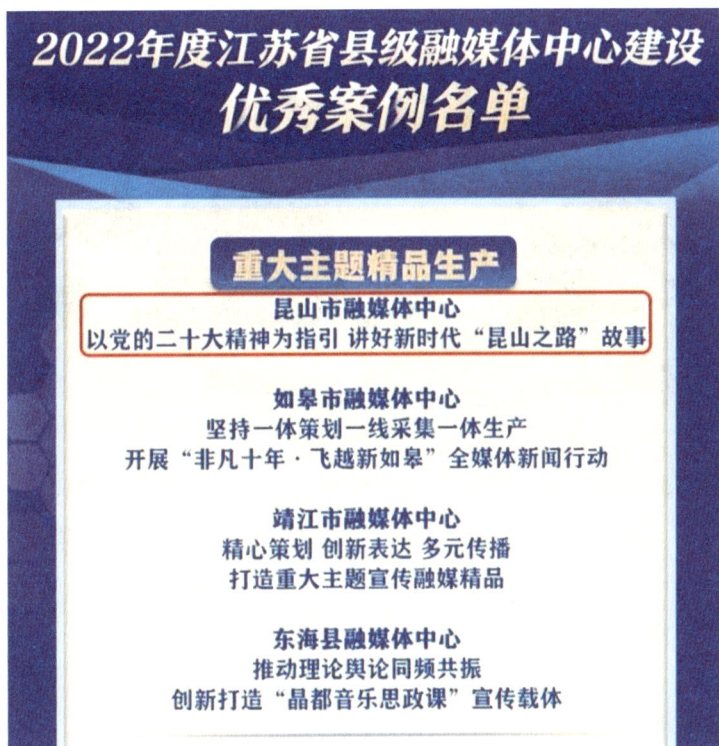

● 2023年3月22日，中共昆山市委巡察工作办公室发文《关于市委第三巡察组对融媒体中心（昆山传媒集团）党委开展巡察工作的通知》。2023年5月22日召开巡察动员会，启动巡察工作。2023年9月1日，昆山市融媒体中心组织召开市委第三巡察组巡察市融媒体中心（传媒集团）党委情况反馈会。市委巡察工作领导小组成员、市委巡察办主任朱年华出席会议并讲话。市委第三巡察组组长顾雪金反馈巡察情况。市融媒体中心（传媒集团）党委书记、主任、董事长左宝昌主持会议并作表态发言。

● 2023年5月26日，享受国务院特殊津贴、国家一级作家、中宣部"五个一"工程奖获得者、《昆山之路》《大美昆曲》作者、昆山市文联原主席杨守松，做客昆山市融媒体中心综合广播FM88.9直播间，讲述昆曲的前世今生、传承与弘扬。

● 2023年5月，按照市委关于"廉洁昆山"建设的总体部署和市纪委监委关于"廉洁单元"建设的具体要求，昆山市融媒体中心（昆山传媒集团）全力打造"廉洁融媒"，全面启动"廉洁单元"建设。其中"廉洁采编""尚廉总工办"和"清廉资产"作为首批建设试点，于2023年内完成建设。

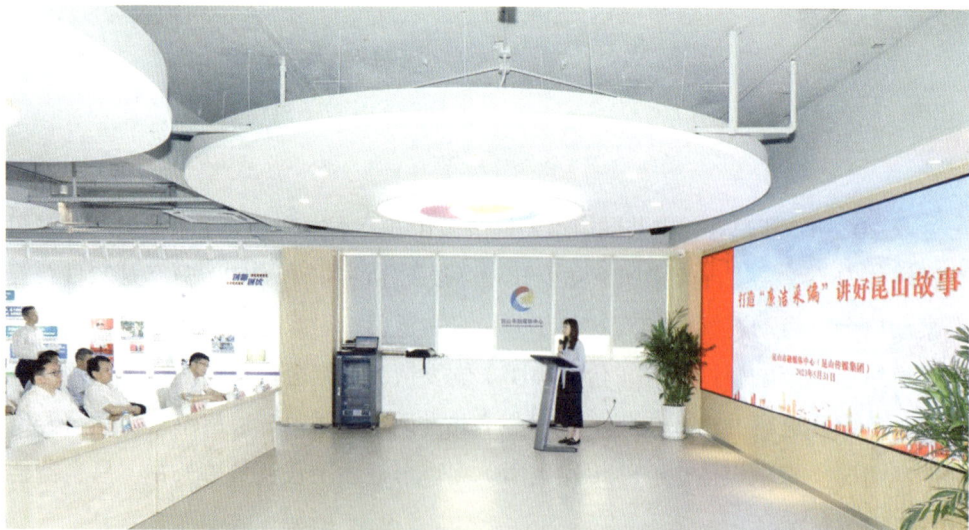

● 2023年5月，由昆山市融媒体中心和太仓市融媒体中心共同建设的DS-8县域单频网项目通过专家组验收。这是省内首批完成的跨县域组网播出项目，用于两地本地节目覆盖播出，选取规划的DS-8频道发射昆山、太仓两套高清本地电视节目。

● 2023年6月16日，昆山市融媒体中心联动苏州广电总台、上海广播电视台、上海嘉定区融媒体中心，推出"双'11'我们约会吧"四城融媒联动直播，直击苏州轨交11号线万人试乘，以媒为"媒"，实现"山与海"的跨越。1小时40分钟的直播中，多位重量级嘉宾亲临演播室畅聊，四地记者搭乘地铁接力直播、VCR串联，将昆山的经济、人文充分展现，全网总传播量超过了1000万次。

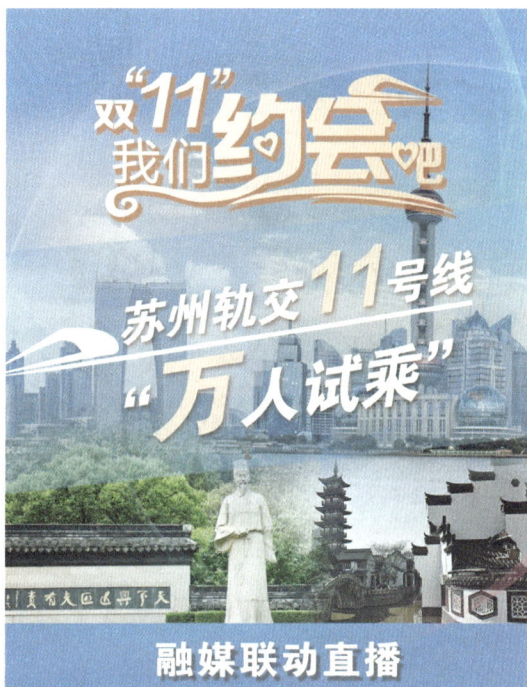

融媒联动直播

2023年6月16日，苏州轨道交通11号线正式开启试乘。试乘首日，昆山市融媒体中心、苏州广电总台、上海广播电视台、上海嘉定区融媒体中心联合推出"双'11'我们约会吧"苏州轨交11号线"万人试乘"四城融媒联动直播，共同见证长三角一体化发展和苏州市域一体化发展的重要时刻。直播活动邀请中国城市规划设计研究院上海分院副总工程师蔡润林，苏州市社会科学院院长王俊，苏州市轨道交通集团党委委员、副总经理蔡荣作为嘉宾亲临演播室，就试乘的基本情况、施工难点、人性化措施、双"11"握手的意义等内容展开畅聊。

长江奔涌、东方潮阔。2023年是长三角一体化发展上升为国家战略五周年，上海与苏州之间地缘相近，人文相亲。作为长三角一体化、苏州市域一体化基础设施互联互通的示范工程，苏州轨交11号线是首条与上海轨道交通线网对接的线路，让上海、苏州、昆山三座城市进入"地铁通勤时代"。

昆山融媒和苏州台、上海台、嘉定融媒的记者搭乘列车，通过接力直播的方式带大家全程体验双"11"号线的互联互通，金句不断乐趣多，现场感十足。直播还通过VCR的形式，将11号线沿线的经济、文化、社会的方方面面进行串联展示，让观看直播的网友对于乘坐轨交来昆山打卡的期盼更加浓厚。

直播不仅展示了六月黄、青团子、泡泡馄饨等一年四季昆山特色美食，介绍了昆山集产业、生活和生态于一体的现代城市科创承载区以及大美的生态廊道，还通过对"昆山之路"精神的阐述，彰显了昆山从古至今敢闯敢试的开拓创新精神。

活动中，当四路直播记者在苏州轨交11号线与上海地铁11号线的"握手"站点花桥站会合时，这种双向奔赴的精彩时刻，将直播活动推向高潮。整场直播历时1小时40分钟，在看看新闻、苏周到APP、看苏州APP、第一昆山APP、上海嘉定APP等新闻客户端以及苏州新闻微信视频号、昆山融媒视频号、嘉视频视频号等近10个平台同步推出，长三角一体化的全面深化、苏州市域一体化的全面提速，收获大量网友的点赞及关注。

● 2023年6月20日，江苏省委宣传部政策法规研究室主任许剑一行来昆山开展"推动县级融媒体中心高质量发展"专题调研。苏州市委宣传部副部长刘纯等陪同调研。调研以参观考察、听取汇报、座谈访谈等形式进行，昆山融媒体中心（昆山传媒集团）党委书记、主任、董事长左宝昌参加。

● 2023年6月22日，昆山传媒集团商贸公司直播带货数字人在抖音、第一昆山APP等平台接入上线试播。

【深一度】

昆山传媒集团紧紧抓住"宇宙产业看昆山"的机遇，利用硅基智能科技公司先进技术，打造直播带货数字人，布局数字人直播带货新业态。上线试播后，未来将通过数字人主播全天候不间断推荐昆山好物，宣传自主品牌。

● 2023年6月30日，昆山召开2022年度高质量发展总结表彰会议，会上通报了2022年度高质量发展综合考核结果，昆山市融媒体中心获得2022年度高质量发展综合考核市级机关单位A组第一等次。融媒体中心编委、全媒采访部主任史赛获评2022年度昆山市担当作为好干部。

● 2023年7月4日到6日，全省乡镇宣传委员培训班在江苏省委党校（江苏行政学院）举行。6日，昆山融媒体中心（昆山传媒集团）党委书记、主任、董事长左宝昌受邀在培训班上以《让乡镇与县融"双向奔赴"——做好重大主题宣传的县融实践与思考》为题作专题讲座。

● 2023年7月12日，中共昆山市委办公室印发昆办发〔2023〕29号文，昆山市融媒体中心荣获市管领导班子2022年度考核"优秀"等次。

中共昆山市委办公室文件

昆办发〔2023〕29号 ★

中共昆山市委办公室
关于昆山市委管理的领导班子和领导干部
2022年度考核"优秀"等次的通报

昆山开发区、昆山高新区、花桥经济开发区、旅游度假区党工委，各镇党委，市各部委办局，各人民团体、各直属单位党委（党工委、党组）：

2022年，全市上下坚持以习近平新时代中国特色社会主义思想为指导，学习宣传贯彻党的二十大精神，全面落实党中央和省委、苏州市委决策部署，围绕"打造社会主义现代化建设县城示范"目标，知责担责、知重负重，踔厉奋发，笃行不怠，各方面工作取得显著成效。

为进一步激励引导全市广大干部敢为善为、担当作为，更好

附件1

市管领导班子2022年度考核"优秀"等次名单

区镇（4个）：
昆山开发区、昆山高新区、花桥经济开发区、千灯镇

市级机关部门（23个）：
市委办公室、市人大机关、市政府办公室、市政协机关、市纪委监委机关、市人民法院、市人民检察院、市委组织部、市委宣传部、市委统战部、市委政法委、市委编办、市委台办、市融媒体中心、市发改委、市公安局、市财政局、市住建局、市农业农村局、市卫健委、市应急管理局、市信访局、市社会治理现代化综合指挥中心

市属国有企业（3个）：
昆山创控集团公司、昆山城投集团公司、昆山交发集团公司

● 2023年7月22日，由中国社科院新闻与传播研究所、清华大学新闻与传播学院等单位联合主办的第40届《中国新闻年鉴》年会暨首届媒体融合创新案例研讨会在广西南宁开幕。现场重磅发布《中国新闻年鉴》（2022卷），昆山市融媒体中心（昆山传媒集团）荣获《中国新闻年鉴》（2022卷）关注的县级媒体融合创新案例。

● 2023年7月23日，由新华通讯社新闻信息中心等单位联合主办的第三届市县融媒体中心建设发展论坛在内蒙古鄂尔多斯市举行。现场发布2022—2023年度"全国融媒体中心能力建设十佳典型事例"，昆山市融媒体中心（昆山传媒集团）选送的《昆山以机制创新跑出融合"新赛道"》入选"十佳"典型事例。

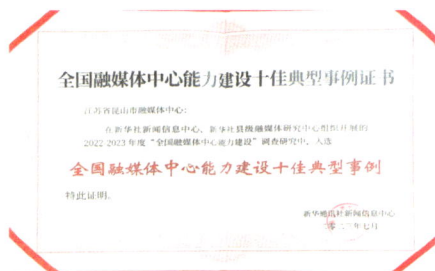

【深一度】

论坛组委会作如下点评：

昆山市融媒体中心大胆改革，创新突破，结合发展实际，积极谋划，做好顶层设计，在推进融媒体改革过程中取得了阶段性成效。以互联网思维、全媒体视角谋篇布局，以现代传媒集团的先进理念重构组织架构，以专业为导向建立灵活动态的岗位管理体系，以激励为导向构建市场化薪酬绩效体系，通过优化运行机制，激发组织活力，全力打造新型主流媒体。

● 2023年8月1日，中共昆山市委十四届五次全会举行，市委书记周伟在报告中充分肯定融媒体中心建设成效，并提出新要求。报告中写道："牢牢把握意识形态工作极端重要性，全面推进'意识形态工作基层建设年'行动，全媒体传播体系加速构建，主流思想舆论持续巩固壮大。""探索构建融媒事业和传媒产业'双轮驱动'的格局，率先落地更多'数字+'应用场景。"

● 2023年8月8日，昆山市融媒体中心（昆山传媒集团）发展战略规划专家咨询会在全媒指挥中心召开。昆山传媒智库专家、中国人民大学新闻学院教授、中宣部媒体融合专家组成员宋建武教授到会指导，就《昆山市融媒体中心"十四五"建设规划》《关于加快推进昆山数字媒体建设的实施意见》等重要改革发展文件提出指导意见。

● 2023年8月8日，昆山传媒智库专家，中国社会科学院新闻与传播研究所研究员、博士生导师，中国社会科学院大学新闻传播学院教授，《新闻与传播研究》执行主编朱鸿军，苏州大学人文社科处副处长、传媒学院教授、博士生导师陈一到昆山市融媒体中心（昆山传媒集团）开展业务辅导，围绕昆山传媒智库建设座谈交流。2023年10月16日，朱鸿军教授再次前来昆山市融媒体中心，深入交流当前县融改革的路径和经验，探讨媒体融合未来发展趋势。中心（集团）党委书记、主任、董事长左宝昌，中心（集团）领导杨报平，集团总经理助理韩斌、茅玉东陪同。

● 2023年8月15日至24日，全国宣传干部学院第五十九期全国报社负责人岗位培训班在北京举办。昆山融媒体中心（昆山传媒集团）党委书记、主任、董事长左宝昌参加了为期10天的集中学习。

● 2023年8月28日，中心（集团）出台《以数字化转型服务和赋能城市发展——昆山市融媒体中心"十四五"发展规划》。《规划》从内容运营、综合服务、用户渠道、端口建设、社区信息枢纽建设等方面，明确发展目标任务和发展路径，目标是将昆山市融媒体中心建成一个能够聚合各类资源、掌控分发渠道、拥有海量用户入口和高用户活跃度的"区域性生态级平台"，更好引导群众、服务群众。

● 2023年9月7日，2023长三角广播电视媒体融合优秀案例评选决赛结果公布，昆山市融媒体中心参评的"'你好，元宇宙'——昆山探索数字人在媒体领域的场景应用和数字人IP全栈运营模式"项目入围2023长三角广播电视媒体融合成长项目，另一项目"创新建立省县联动传播体系 持续打出全媒传播'组合拳'"获得2023长三角广播电视党的二十大精神融合传播案例提名。

2023长三角广播电视媒体融合

成长项目奖获奖名单

1. 上海广播电视台：百视通云电竞
2. 浙江省长兴县融媒体中心：未来广播
3. 江苏省广播电视总台："荔枝风景线"拍客云平台
4. 江苏省昆山市融媒体中心："你好，元宇宙"——昆山探索数字人在媒体领域的场景应用和数字人IP全栈运营模式
5. 安徽广播电视台：安徽广播电视台车载移动传播项目——"八方电台"
6. 江苏省常州市广播电视台：全国城市广电经营创新平台
7. 安徽省合肥市广播电视台：融媒新品牌《飞阅新合肥》
8. 上海广播电视台：《海派城市考古》融媒体节目
9. 上海广播电视台：传统电视增强型互动系统
10. 浙江省安吉县融媒体中心：区域公共品牌"安吉优品汇"

【深一度】

专家点评"'你好，元宇宙'——昆山探索数字人在媒体领域的场景应用和数字人IP全栈运营模式"：元宇宙几乎是整个2022年人工智能领域最火的一个技术

概念。昆山市融媒体中心作为一个县级融媒体积极探索数字人在媒体领域的场景应用和数字人IP全栈运营模式，以5G、VR、AIGC等先进技术推动新闻融合传播和内容创新创作，仅仅是这种全面拥抱新技术的开放态度，就值得肯定。数字人主播"昆小融"的出现体现了融媒体中心在数字可视化方面取得的突破，"昆山融媒创新实验室"的建设，体现了融媒体中心在技术研发硬件保障上的举措。该项目有着良好的成长空间，值得关注。

● 2023年9月13日，江苏省县级融媒体中心高质量发展高级研修班在溧阳召开。会上，昆山市融媒体中心全媒采访部副主任王超作精品创优专题分享，系唯一获邀现场分享的县融代表。昆山市融媒体中心（昆山传媒集团）总编辑陈佩华参加研修班活动。

● 2023年10月，由昆山市融媒体中心（昆山传媒集团）承建的"昆工慧"网上服务平台，荣获全国总工会和中央网信办联合颁发的互联网+工会普惠服务优秀平台——"创新型"平台。

● 2023年10月，昆山市融媒体中心与新华报业传媒集团合作的昆山智慧媒体数据中台获得中国新闻技术工作者联合会颁发的王选新闻科学技术奖三等奖，主要完成人为：夏霖、左宝昌、沈伟、顾文涛、曹志钢、赵杰、倪烨华、崔阳、庞超。

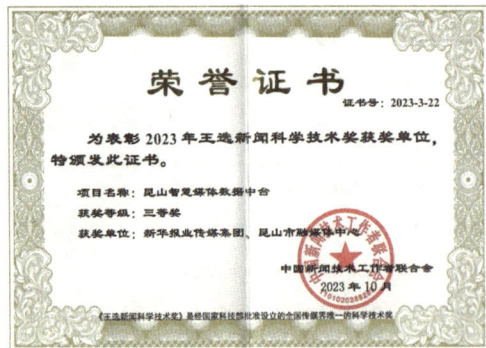

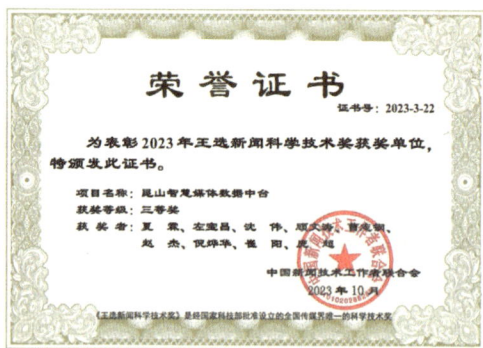

【深一度】

为表彰对推动新闻科学技术进步做出突出贡献的组织和个人，充分调动新闻科技工作者的积极性和创造性，促进我国新闻科技事业的发展，经国家科学技术奖励工作办公室批准，中国新闻技术工作者联合会从2004年开始正式设立"王选新闻科学技术奖"。"王选新闻科学技术奖"是我国新闻界唯一跨媒体的科技奖项。2023年"王选新闻科学技术奖"申报项目由各会员单位推荐，各申报项目通过资格审查后，经评审专业组专家初审，并由评审专家对部分候选项目作实地考察，评审委员会对所有候选项目进行审定通过。2023年"王选新闻科学技术奖"项目奖共评出293项，其中一等奖49项，二等奖项目107项，三等奖项目137项。

● 2023年10月30日，市委常委、宣传部部长丁成明到昆山市融媒体中心（昆山传媒集团）进行专题调研，并就进一步推动媒体融合改革提出要求。市委宣传部副部长吴洁参加调研。

【深一度】

2023年是昆山市融媒体中心（昆山传媒集团）融合改革第五年，记者节前夕，市委常委、市委宣传部部长丁成明到昆山市融媒体中心（昆山传媒集团）进行专题调研。中心（集团）党委书记、主任、董事长左宝昌汇报了融合改革五年的历程。在全面了解中心（集团）融合改革情况后，丁成明对中心（集团）融合改革的心路历程和成效给予高度称赞。关于下一步发展，丁成明指出，要讲政治，作为党的喉舌，融媒体中心一定要把讲政治贯穿各项工作中；要讲团结，团结出生产力、战斗力；要强能力，不仅要提高新闻生产能力，也要提高发展文化产业的能力；要保安全，要高度重视意识形态安全和网络安全；要重人才，做好人才队伍梯度建设，既要引进又要培育；要精管理，通过科学管理，确保融媒各项事业高效运转。

● 2023年11月6日，中国记协公布第33届中国新闻奖获奖名单，昆山市融媒体中心报送的专题报道《一线调研：信心从何来？》获得中国新闻奖三等奖，成为昆山新闻界首个自主申报而获得的国家级最高奖项，具有里程碑意义。另外，在2023年的中国新闻奖榜单中，由江苏广播电视总台联合昆山市融媒体中心等全国百强县媒体共同申报的融合报道《潮起东方　寻找百强"共富"密码》获得二等奖，昆山也实现了在2023年中国新闻奖中"花开两朵"。中国记协专门发来喜报。

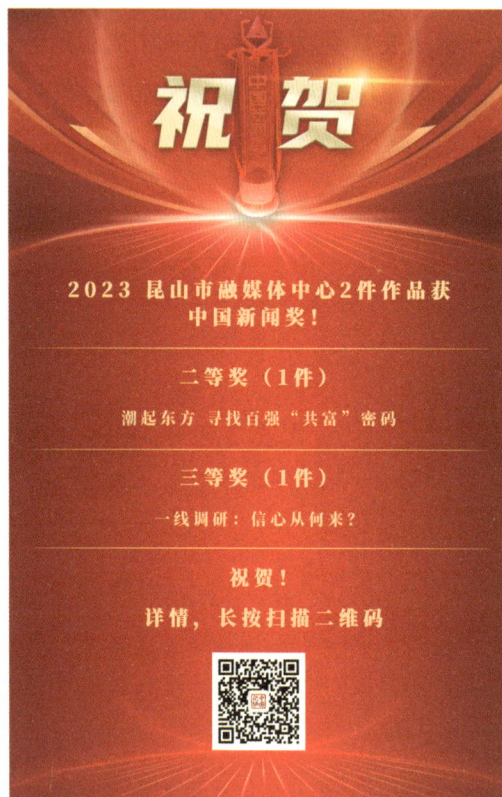

【深一度】

中国新闻奖是经中央批准常设的全国优秀新闻作品最高奖。获得大奖是检验5年融媒改革成效的试金石，是对5年融媒改革的充分认可，是昆山融媒人团结拼搏奋斗的结果。

《一线调研：信心从何来？》是由左宝昌、吴佳希、韩斌担任编辑，王超、马康阳等集体创作的新闻专题。该新闻专题时长21分28秒，切入的是重大主题——贯彻落实党的二十大精神。2022年10月16日，党的二十大代表、昆山市委书记周伟走上代表通道，让党的二十大这个举世瞩目的盛会与昆山这个全国百强县（市）形成了最佳契合点，也给昆山融媒人提供了创新的方向和激情。

融媒改革5年来，昆山市融媒体中心始终把新闻主业作为使命来抓，创造条件鼓励新闻记者创作优秀作品。每年年初就会召开创优工作会议，梳理本年度重大题材，前置做好创优工作。在记者精品意识培养上，昆山市融媒体中心制定了激励机制。例如，除常规考核外，还增设了产品"爆款"奖励，根据阅读量、转发量、点赞量进行评比，对符合激励条件的作品及时兑付奖励；建立了每月评好稿的机制，好稿的遴选也是对标中国新闻奖的体例和要求，牢固树立精品意识。机制创新激励着记者们拍好每一个镜头，做好每一个采访，加工好每一篇作品。5年来，共有近千篇次作品获得各类新闻奖项。

新闻专题在中国新闻奖创优评选中历来竞争最激烈，《一线调研：信心从何来？》"杀出重围"实属不易。导向鲜明，聚焦重大主题；着眼于人，深挖背后故事；把握节奏，新闻精彩讲述。来自昆山市融媒体中心的专题报道《一线调研：信心从何来？》荣获2023年中国新闻奖三等奖，可谓实至名归，也是厚积薄发的结果。

● 2023年11月7日，昆山市庆祝第24个中国记者节主题活动在昆山当代昆剧院举行。市委书记周伟代表昆山市委、市政府向广大新闻工作者致以节日的祝福。中国人民大学新闻学院副院长、中国新闻史学会会长王润泽，中国人民大学新闻学院教授、中宣部媒体融合专家组成员宋建武，苏州广电传媒集团（总台）党委书记、董事长、台长沈玲，昆山市委常委、宣传部部长丁成明，副市长秦微晰，森兰科技、硅基智能、国信长三角数字经济研究院、元宇宙三十人论坛等数字经济企业及机构负责人参加活动。

【深一度】

铁肩担道义，妙手著文章。

近年来，全市新闻战线认真贯彻落实习近平总书记关于新闻舆论工作的重要论述，把牢正确政治方向，做大做强主流舆论，善于从时代之变、中国之进、人民之呼中提炼主题、萃取题材，用镜头记录时代、用光影叙述发展、用笔触讴歌人民，讲好昆山故事，传播昆山声音，营造了全市上下踔厉奋发、笃行不怠的浓厚氛围。

记者记录时代，时代定义记者。周伟在讲话时充分肯定了近年来全市新闻舆论工作取得的成效，深情寄语广大新闻工作者要扛起责任担当，始终牢记习近平总书记"勾画现代化目标"的殷殷嘱托，胸怀大局、把握大势、着眼大事，找准工作切入点和着力点，努力做到宣传报道出新出彩出精品、有声有色有气势，生动展现昆山高质量发展和现代化建设的生动画面和火热场景。要瞄准未来前沿，积极顺应数字经济发展趋势，主动拥抱数字经济发展浪潮，持续深化与元宇宙头部企业务实合作，前瞻探索元宇宙技术在新闻传媒领域的应用场景，加快推动数字化赋能全媒体传播体系建设取得新成效。要心系民生冷暖，深入基层一线、走进企业车间、多到田间地头，将视角聚焦群众、将目光专注民生，推出更多"带露珠""冒热气""有温度""见真情"的新闻报道，真正让330万新老昆山人都成为幸福的昆山人，第一故乡、第二故乡都成为圆梦的创业之乡。要勇于改革创新，加快实现信息内容、技术应用、平台终端、管理手段共融共通，健全完善利于媒体融合发展、人才脱颖而出的体制机制，着力打造主流声音洪亮、传播渠道多样、融合个性鲜明的县级融媒体样板。

活动期间，昆山市融媒体中心记者王超、何一栋、刘菁用亲历、亲见、亲闻、亲为的故事，讲述了"一个梦想""一路成长""一份感动"，诠释了对新闻事业的坚守和热爱。昆山市融媒体中心与苏州广播电视总台共建"并蒂莲"精品工作室，在内容生产、队伍建设、技术研发等方面开展深度合作。"寻美昆山"主题摄影大赛同时启动。

数字转型，智能传播。当天，昆山市融媒体中心发布2.0版"昆小融"数字人，联合硅基智能科技启动"百名数字人主播培育计划"；与中国人民大学合作，共建首个县级媒体数字化转型创新基地；与苏州广播电视总台合作共建"并蒂莲精品工作室"；与长三角元宇宙产业创新联盟达成合作，打造媒体创新"数字+"应用场景试验场。同时，携手森兰信息科技（上海）有限公司，推动智慧钢琴项目进学校、进社区，加快构建融媒事业和传媒产业"双轮驱动"格局。

　　一年一度的中国记者节，是属于全体新闻工作者的重要节日。在昆山市庆祝第24个中国记者节活动的组织筹备过程中，中心（集团）党委书记、主任、董事长左宝昌，总编辑陈佩华等靠前指挥，与一线记者们一起选素材、磨稿子，只为把"好故事"讲得更出彩；与技术部门现场办公，精心呈现数字人主播"昆小融2.0版本"的每一个细节；走进排练现场，指导、优化每一个流程环节；与硅基科技等人工智能、元宇宙企业负责人深入沟通，力求应用先进数字技术不仅能呈现而且能落地。多个部门抽调的精干人员，组成了活动策划、活动执行、技术保障、后勤保障等多个工作小组，大家齐心协力、默契配合，每天在忙完白天的工作之后，继续加班到深夜。整场活动的精彩呈现，凝聚了大家的心血，展现了昆山融媒人的精气神。

● 2023年11月8日，江苏省庆祝第24个记者节座谈会在南京举行。副省长徐缨在省新闻工作者协会常务副主席刘守华的陪同下，参观全省媒体中国新闻奖、江苏新闻奖获奖作品展示。作为县融，昆山市融媒体中心新闻专题《一线调研：信心从何来？》获得第33届中国新闻奖，引起了她的关注。在座谈会上，徐缨说，在中国新闻奖中看到江苏县融作品，让人眼前一亮，证明县级融媒体中心建设在不断提质增效。

● 2023年11月8日，昆山市融媒体中心在单位大院南广场（原篮球场）举办第24个记者节拓展活动。本次活动以"数字转型 智能传播"为主题，充分展现了员工们积极向上的精神风貌，进一步凝聚了团队精神，增进了对融媒转型升级的信心。

● 2023年11月24日，"2022—2023 年度江苏报业融合创新项目奖"表彰活动在淮安举行，昆山市融媒体中心送评的"昆山在数字媒体领域的全栈运营模式探索与实践"获得区县融媒体创新发展奖。昆山市融媒体中心（昆山传媒集团）党委副书记曹勇出席活动。

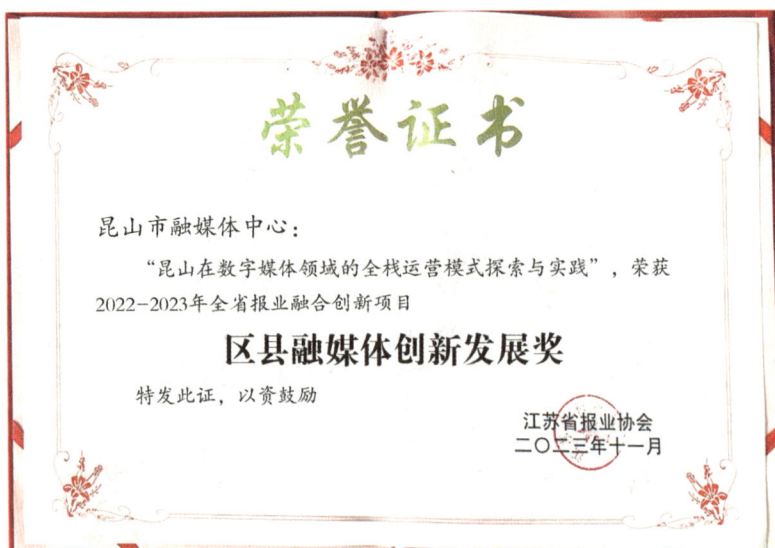

【深一度】

为了表彰先进，推广经验，促进行业交流，江苏省报协开展"2022—2023年度江苏报业融合创新项目奖"评选活动。经各单位推荐，并经过初评、复评、终评，最终评选出全省媒体融合创新优秀传播奖、综合效益奖、技术促进奖和区县融媒体创新发展奖，共计35个获奖项目给予表彰。

在国家大力倡导发展数字经济大背景下，昆山市融媒体中心积极抢抓数字经济发展机遇，主动顺应融媒改革创新趋势，积极探索数字人在媒体领域的场景应用和数字人IP全栈运营模式，以5G、VR、AIGC等先进技术推动新闻融合传播和内容创新创作，引领和驱动媒体融合向纵深发展。

目前，数字人主播"昆小融"IP已广泛用于新闻内容生产和政务场景中，由她主持的全国县融首档元宇宙专题栏目《你好，元宇宙》已在昆山市融媒体中心全媒体平台播出40期，在重大主题性新闻报道中也频频担任外景主持，"昆小融"已入驻部分景区景点、文化场馆，并在行政审批中心服务大厅、元宇宙场馆、"昆山之路"展示馆提供多样化的公共服务，并先后担任昆山国安"宣传大使"、昆山党史"主讲人"、昆山志愿者"宣传大使"等公益宣传代言人，在全市重大主题性新闻报道采访、各类大型活动主持、公共服务引导等场景中均得到广泛应用。在AIGC技术加持下，视频内容生产的效率大大提升，虚实结合的形式也为用户带来智能新体验。"'你好，元宇宙'——昆山探索数字人在媒体领域的场景应用和数字人IP全栈运营模式"还获得2023长三角广播电视媒体融合成长项目奖。

为更好地拓展数字人IP在媒体行业的场景应用，昆山市融媒体中心与百度公司共建"昆山融媒创新实验室"，探索数字人在"媒体+政务服务商务"中的场景应用、数字人IP运营、元宇宙时代上下游产业链生态构建探索等领域合作共建、创新共研，重点打造数字人产业基地展示体验与转化中心，包括数字人直播带货互动展示平台、融媒体3D虚拟节目制作展示平台，在高精度智能化节目制作、创新运用手语数字人面向群众提供有温度的公共服务，以及在多元化直播带货精准流量转化等领域提出解决方案，建设一批可复制、可推广的"媒体+AI"应用场景样板案例，形成区域甚至全国性示范推广效应，以新技术强势赋能媒体智能化转型、推动融媒产业实现新发展。

● 2023年11月25日，以"中国式现代化背景下江苏新闻传播的新理论与新实践"为主题的2023年江苏省新闻传播学学会年度大会在苏州大学传媒学院举行。昆山市融媒体中心（昆山传媒集团）党委书记、主任、董事长左宝昌应邀出席"媒体融合十年·业界学界对话"圆桌论坛，分享昆山融媒改革成果。

● 2023年12月15日，第33届中国新闻奖江苏获奖作品研讨会在南京召开。省新闻工作者协会常务副主席刘守华出席会议。第33届中国新闻奖江苏获奖者代表，省记协、各设区市记协负责人，省主要媒体、各设区市主要媒体、省专业报协会、县级融媒体中心负责人和代表，南大、南师大、苏州大学传媒学院、《传媒观察》杂志社负责人和专家参加会议，全省媒体在线观摩听讲。昆山市融媒体中心（昆山传媒集团）党委书记、主任、董事长左宝昌参加研讨会。

会议专门对县融在新闻奖领域取得的突破进行点评。会议指出，江苏县级融媒体中心在连续几年向中国新闻奖发起冲击未果之后，这次终于如愿以偿。昆山市融媒体中心选送的新媒体作品《一线调研：信心从何来？》获得新闻专题三等奖，这是全省64家县融中心成立以来，第一次有县融中心获中国新闻奖，是一个实质性的突破。

此外，由江苏广电总台牵头，省内昆山、江阴、张家港、常熟、太仓、宜兴、海安、启东、泰兴、靖江、邳州等11家县融中心参与的《潮起东方　寻找百强"共富"密码》，获得中国新闻奖二等奖，对全省县级融媒体中心是极大的鼓舞和鞭策。

● 2023年12月16日，昆山市委常委会主题教育调研成果交流会暨全市经济社会发展务虚会召开。市委书记周伟在会上点名表扬市融媒体中心。他指出，今年5月、6月，《人民日报》《光明日报》《经济日报》在头版专版连续刊登昆山践行习近平经济思想的探索实践，特别是在央视上，14次登上《新闻联播》。尤其值得表扬的是，昆山市融媒体中心的新闻作品《一线调研：信心从何来？》获得了中国新闻奖三等奖。我了解了一下，中国新闻奖是中国新闻界的最高奖项，几乎没有县市融媒的位置。但是我们昆山市融媒体中心站在全国县域领头雁的位置，和苏州广电总台联合上报，荣获了中国新闻奖三等奖，这也是昆山市融媒体中心第一次获得中国新闻奖。《一线调研：信心从何来？》，信心从何来？信心从昆山来！这就体现了昆山在全局中的担当。

● 2023年12月16日，市委书记周伟在市融媒体中心报送的《关于加快媒体转型推进数字媒体建设的情况汇报》上作出批示："融媒体中心今年荣获中国新闻奖，是昆山新闻事业的一次历史性的突破，实属不易。下一步，融媒体中心要树立产业思维，扛起责任使命、瞄准未来前沿、心系民生冷暖、勇于改革创新，加快向数字媒体转型发展，实现新闻事业和传媒产业双轮驱动。"

● 12月21日，由中华全国新闻工作者协会开展的2023年县级融媒体中心东西协作交流公益项目在北京启动。活动当天，设立了北京主会场以及江苏省南京市浦口区、云南省普洱市思茅区等全国10个分会场。昆山市融媒体中心与云南省普洱市思茅区融媒体中心结对，双方派业务骨干到对方单位驻点交流工作。昆山市融媒体中心记者作为结对代表在启动仪式上进行视频交流分享。"咖啡硅谷"昆山与全国咖啡种植主产区之一的云南省普洱市思茅区结对，市委书记周伟称赞道："这个好！联动，打响东西合作品牌！"

【深一度】

为深入学习贯彻习近平文化思想，贯彻落实党的二十大精神和全国宣传思想文化工作会议的战略部署，进一步巩固壮大奋进新时代的主流思想舆论，助推全媒体传播体系建设，推动县级融媒体中心高质量发展，中华全国新闻工作者协会开展2023年县级融媒体中心东西协作交流公益项目。

活动中，各省级记协分别推荐了县级融媒体中心参与该项目。江苏省苏州市昆山市融媒体中心与云南省普洱市思茅区融媒体中心结对，双方业务骨干到对方单位驻点交流、工作，取长补短，学习融合发展经验，培养融媒人才。

昆山市融媒体中心记者刘菁在视频交流中表示，期待能在同样做足"融"字文章、构建传播新格局的思茅区融媒体中心，与大家彼此深融、充分交流，共同推出更多优质融媒精品，讲述好精彩故事，传递祖国大地上的融媒好声音。

昆山与思茅产业联系紧密、渊源颇深。思茅是全国咖啡种植主产区之一，昆山凭"无中生有"之力打造出一条千亿级咖啡产业链。两地虽相隔2000多公里，却因共享咖啡的价值而不再遥遥相望。2023年，星巴克中国咖啡创新产业园在昆山开园，园区核心主体——烘焙工厂与在普洱的星巴克种植者支持中心实现奔赴联动，意味着全球优质咖啡产区的咖啡豆将通过该中心及时运往昆山进行烘焙。

为了探索"一颗生豆到一杯咖啡"的历程，2023年9月，昆山市融媒体中心派出记者团队，深入走访普洱当地的咖啡贸易商、咖农、加工厂等，挖掘两地的咖啡情缘。

如今，因新一轮的东西协作交流活动，昆山与思茅再次双向奔赴。云南省普洱市思茅区融媒体中心新闻部副主任陶俊蓉表示，来到昆山，希望能够深入了解当地企业以及东西协作的产业项目，探访众多东西协作的参与者、见证者、受益者，用脚步丈量出思茅区与昆山市的情意绵长，用所见所闻见证东西协作在当地生根发芽、开花结果的嬗变。

驻点交流期间，结对县融中心将深入拓展县级融媒体中心在内容生产、管理方法、运营经验、经营模式等方面的深度协作机制，进一步形成观念互通、思路互动、技术互学、作风互鉴、信息互享、产业互促的长效结对共建模式。

● 2023年12月29日，中共昆山市委十四届六次全会暨市委经济工作会议召开，市委书记周伟在报告中充分肯定融媒体中心建设取得的成效。报告中写道："坚持正确政治方向、舆论导向、价值取向，加快媒体深度融合，精心推出全媒体系列宣传报道，'昆山好故事'14次登上央视《新闻联播》，《一线调研：信心从何来？》荣获中国新闻奖。"报告还对"不断壮大数字媒体""擦亮'鹿城飞燕''鹿鸣万家'等宣传宣讲品牌"等成效予以点赞。这是近年来市委全会报告收录融媒体中心工作内容最多的一次。

● 2023年12月29日，苏州市委全面深化改革委员会办公室印发关于2023年度苏州市改革典型案例评选结果的通报，"'你好，元宇宙'——昆山探索数字人在媒体领域的场景应用和数字人IP全栈运营模式"获评2023年度苏州市改革典型案例，系昆山唯一。

第四篇章

闪光荣誉

每一次向上攀登，都是一次华丽转身。

4

集体荣誉

● **2020年9月**，昆山市融媒体中心获得省委宣传部、省委网信办、省广播电视局颁发的融合生产能力、综合服务能力、可持续发展能力有效提升奖。

● **2020年10月**，昆山市融媒体中心获得昆山市版权示范单位称号。

● **2020年11月**，昆山市融媒体中心获得全市"全国文明城市创建工作先进集体"称号。

● **2020年11月**，昆山市融媒体中心获得"全国市县媒体融合先导单位"称号，也是江苏省唯一获此殊荣的单位。

● **2020年12月**，昆山市融媒体中心获评国家广电总局"全国广播电视媒体融合先导单位十强"，是全国唯一获此荣誉的县级融媒体中心。

● **2020年12月**，昆山市融媒体中心获评全省广电系统"七五"普法先进单位。

● **2020年12月**，昆山市融媒体中心获评江苏省县市融媒体2020年度先进单位。

● **2020年12月**，昆山市融媒体中心获得中国广告协会户外广告分会"抗疫公益广告宣传突出贡献奖"。

● **2021年2月**，昆山市融媒体中心获得2020年度全市综合考核第一等次。

● **2021年6月**，昆山市融媒体中心（昆山传媒集团）党委被中共昆山市委授予

"昆山市先进基层党组织"称号。

● **2021年12月**，昆山市融媒体中心获评昆山市第七次全国人口普查领导小组先进集体。

● **2022年2月**，昆山市融媒体中心获得2021年度全市综合考核第一等次。

● **2022年4月**，昆山市融媒体中心改革成效被新华社评为全国县融中心综合影响力优秀案例TOP10。

● **2022年5月**，昆山市融媒体中心获评2021年度全市统一战线工作先进单位。

● **2022年6月**，昆山市融媒体中心获得2021年度市管领导班子考核优秀等次。

● **2022年6月**，昆山市融媒体中心当选江苏省新闻工作者协会县级融媒专委会副秘书长单位。

● **2022年7月**，昆山市融媒体中心入选2022全国优秀区域融媒综合影响力TOP10。

● **2022年7月**，昆山市融媒体中心《昆山小康大事记》微纪录片获得2022全国优秀区域融媒纪录片创新发展最具品牌影响力TOP10。

● **2022年7月**，昆山市融媒体中心"e昆山"抖音号获评2022全国优秀区域融媒抖音号综合影响力TOP10。

● **2022年9月**，琼花影视工作室获得2022长三角广播电视媒体融合典型案例奖。

● **2022年9月**，昆山市融媒体中心被评为国家广电总局2021年度广播电视公益广告扶持项目优秀传播机构。

● **2022年9月**，昆山市融媒体中心作品《全民阅读02》获得2022年度全省广播电视公益广告优秀作品广播类三等奖。

● **2022年10月**，昆山市融媒体中心入选江苏省出版传媒融合发展创新案例。

● **2022年10月**，昆山市融媒体中心获评2022年全市助残先进集体。

● **2022年11月**，昆山市融媒体中心获评2022年度昆山市"全民阅读优秀推广组织"。

● **2022年11月**，昆山市融媒体中心作品《昆山加油》获江苏省报协2021—2022年抗疫融合传播优秀案例。

● **2022年11月**，昆山市融媒体中心荣获我苏网、江苏省广播电视总台县融媒体工作部融合传播奖。

● **2022年12月**，昆山市融媒体中心获评中国广播电视社会组织联合会智能全媒体委员会、5G高新视频多场景应用国家广电总局重点实验室智慧音频研究中心2022年度全媒体人才培养先进单位。

● **2022年12月**，昆山市融媒体中心《"昆小融"帮帮团》栏目获2022年度全省网络视频新媒体"十佳"栏目。

● **2023年1月**，昆山市融媒体中心获评2022年昆山市全民阅读先进单位。

● **2023年1月**，昆山市融媒体中心获评2022年全市区镇、局（系统）、直属单位工会工作目标管理考核优秀单位。

● **2023年1月**，昆山市融媒体中心组织开展"阅读'星'出发"活动，获得2022第十七届昆山阅读节优秀活动奖。

● **2023年2月**，新华社新闻信息中心、新华社县级融媒体研究中心联合发布全国县融中心2022年第四季度优秀案例和新媒体平台优秀作品，昆山市融媒体中心作品《新冠发病7日图，"居家小药箱"应备这些药！》等作品分别获评全国县融中心微信平台优秀作品、全国县融中心快手平台优秀作品。

● **2023年3月**，昆山市融媒体中心获评2022年昆山市农村人居环境挂钩联系工作先进集体。

● **2023年3月**，昆山市融媒体中心《七彩阳光》栏目获评2022年江苏省广播电视少儿精品电视精品栏目。

● **2023年4月**，昆山市融媒体中心获评2022年度昆山市文明单位（行业）。

● **2023年4月**，昆山市融媒体中心作品《创新建立省县联动传播体系 县融记者首次现身党的全国代表大会》入选2022年度全市宣传思想文化工作创新成果。

● **2023年4月**，昆山市融媒体中心《尚法昆山特别节目》获评2023年第一季度江苏省广播电视创新创优节目。

● **2023年6月**，昆山市融媒体中心获得2022年度高质量发展综合考核市级机关单位第一等次。

● **2023年7月**，昆山市融媒体中心荣获市管领导班子2022年度考核优秀等次。

● **2023年7月**，昆山市融媒体中心在新华社新闻信息中心、新华社县级融媒体研究中心组织开展的2022—2023年度"全国融媒体中心能力建设"调查研究中，入选2022—2023年全国融媒体中心能力建设十佳典型事例。

● **2023年9月**，昆山市融媒体中心"'你好，元宇宙'——昆山探索数字人在媒体领域的场景应用和数字人IP全栈运营模式"项目入围2023长三角广播电视媒体融合成长项目，"创新建立省县联动传播体系 持续打出全媒传播'组合拳'"项目获得2023长三角广播电视党的二十大精神融合传播案例提名。

● **2023年10月**，昆山市融媒体中心自主申报的专题报道《一线调研：信心从何来？》获得中国新闻奖三等奖。

● **2023年10月**，昆山市融媒体中心与新华报业传媒集团合作的昆山智慧媒体数据中台获得中国新闻技术工作者联合会颁发的王选新闻科学技术奖三等奖。

● **2023年11月**，"2022—2023年度江苏报业融合创新项目奖"表彰活动举行，昆山市融媒体中心送评的"昆山在数字媒体领域的全栈运营模式探索与实践"，获得区县融媒体创新发展奖。

个人荣誉

2019年度

序号	获奖人员	奖项	颁奖单位
1	宋桂昌 吴 俊 陈 阳	2019年度 苏州市优秀新闻工作者	苏州市委宣传部
2	金燕博	优秀共产党员	昆山市委
3	茅玉东 金燕博 庄哲彦	第二届全国报刊编校技能大赛 江苏赛区团体二等奖	江苏省新闻出版局、江苏省报业协会、江苏省期刊协会
4	刘毕亮 郭 燕 周 舟 张 丹 俞 强	江苏省县市报先进个人	江苏省县市报研究会

2020年度

序号	获奖人员	奖项	颁奖单位
1	左宝昌	2019年度昆山市担当作为 好干部	昆山市委、市政府
2	陈佩华	江苏省广播电视政府奖 优秀广播电视人物奖	江苏省广播电视局
3	孙亚美 史 赛 吴 彬 徐存燕 张孝亮 顾 洁 周 理 梁睿雯 郭 燕 刘 航	昆山市首届十佳全媒新闻 工作者	昆山市融媒体中心

序号	获奖人员	奖项	颁奖单位
4	金燕博 李传玉 王 超	2020年度苏州市 优秀新闻工作者	苏州市委宣传部
5	韩 斌 宋桂昌 朱海荣 胡 鹏 钱高燕	江苏省县市报融媒体 2020年度百佳新闻工作者	江苏省县市报（融媒）研究会
6	李松巍	江苏省新闻出版优青人选	江苏省委宣传部
7	李传玉	全市抗击新冠疫情先进个人	苏州市委
8	徐丽娜	万名最美劳动者	苏州市总工会
9	陆 娟	全国文明城市创建工作 先进个人	昆山市委、市政府
10	董雯雯	全国文明城市创建工作 先进个人	昆山市委、市政府
11	孙亚美	昆山好人	昆山市委宣传部
12	汪 鹏	2020年度春运工作先进个人	昆山市人民政府
13	徐晴颖	《学习强国》优秀供稿员	昆山市委宣传部
14	史 赛 刘 昕	战疫先锋通报表扬	昆山市委组织部
15	刘 昕	最美志愿者	昆山市文明办
16	李 密	2020年度昆山市全民阅读 先进个人	昆山市全民阅读活动工作 领导小组
17	张建中	2019年度全市食品安全工作 先进个人	昆山市食品工作委员会
18	徐存燕	2020年度先进个人	昆山市互联网协会

2021年度

序号	获奖人员	奖项	颁奖单位
1	李雅文 胡启伟 马 萍	2021年苏州市优秀新闻 工作者	苏州市委宣传部、苏州记协
2	黄美华	第五届全国县市区域 百佳优秀报人	中国县市报研究会

序号	获奖人员	奖项	颁奖单位
3	何一栋	追忆百年党史 传承红色基因 志愿者诵读一等奖	昆山市文明办
4	何一栋 李靓倩 李密	2021年苏州市全民阅读 优秀阅读推广人	苏州市阅读办
5	孙婧	昆山市全国第七次人口普查 先进个人	昆山市人口普查小组
6	左宝昌	2021全国广播电视区域 融媒创新发展年度人物	中广联、中国广播电视艺术 协会、全国广播电视融媒创 新发展年会组委会
7	左宝昌	"创新榜"2021年度全国 广播影视业最具影响力人物	亚广协（北京）媒体传播 技术研究院
8	喻秀云 朱海荣	2021年度苏州最美苏动者	苏州市最美劳动者 遴选工作委员会
9	缪岚	昆山市优秀党务工作者	昆山市委
10	金燕博 温梦舟 陆乐 张丹 朱文佳 陆雨叶	2020年度昆山市十佳青年文明号	团市委
11	陆乐 王林涛 张周 陈威 王艺嘉	2020年度昆山共青团 创新创优成果奖（优秀奖）	团市委
12	王林涛	2020年度优秀青年志愿者	团市委
13	王林涛	2018—2021年度昆山市 体育工作先进个人	昆山市全民健身指导委员会
14	姜旭 王雪妮 杜江 薛春鹏 王碟飞 管芸	"百年礼赞+我心向党" 廉洁寄语征集活动一等奖	市纪委

2022年度

序号	获奖人员	奖项	颁奖单位
1	王懿 胡鹏 许静	苏州市优秀新闻工作者	苏州市委宣传部
2	刘毕亮 李松巍 邹明阳 张丹 张田 周舟 赵秀秀 姚启文 缪岚 穆威龙	昆山市优秀新闻工作者	昆山市委宣传部
3	李艳	2021年度昆山市食品安全工作成效突出个人	昆山市食品安全委员会
4	朱达	昆山市双拥先进个人	昆山市委
5	何一栋	2021苏州市优秀阅读推广人	苏州市阅读办
6	刘昕	全市助残先进个人	昆山市人民政府残疾人工作委员会
7	左宝昌	2022全国优秀区域融媒创新发展年度人物	中广联、中国广播电视艺术协会、优秀区域融媒体作品展播组委会
8	张婷婷	全市普法先进个人	昆山市法治宣传领导小组
9	许晓明	城市党报百名优秀新闻工作者	中国报业协会城市党报分会
10	项怡瑾	2021年度内审先进个人	昆山审计协会
11	项怡瑾	2022年度全市内审宣传先进个人	昆山审计协会

序号	获奖人员	奖项	颁奖单位
12	刘　昕 王林涛 张　静	2021年度优秀青年志愿者	团市委
13	马　萍	昆山好人	昆山市委宣传部
14	左宝昌 丁　燕	百佳优秀媒体人	中国县市报研究会

2023年度

序号	获奖人员	奖项	颁奖单位
1	沈　伟	2022年度全市安全生产先进个人	昆山市安全生产委员会
2	吴佳希	2022年度社会主义现代化建设先进个人	昆山市委、市政府
3	史　赛	2022年度昆山市担当作为好干部	昆山市委、市政府
4	王晓楹 徐晴颖	2022年度"学习强国"学习平台优秀供稿员	昆山市委宣传部
5	李靓倩	2022年度昆山市全民阅读先进个人	昆山市阅读办
6	梁睿雯 阮　洋 王艺嘉	2022年度昆山市青年岗位能手	团市委、昆山市人力资源和社会保障局
7	王林涛 张　周	2021—2022昆山市优秀共青团干部	团市委
8	黄美华	2022年度法治昆山建设先进个人	昆山市法治办
9	孙亚美	2023年昆山市劳动模范	昆山市委、市政府

优秀作品

2020年度

1.江苏省报纸优秀作品

等次	作者	作品名称	体裁
二等奖	孙亚美　张　许	《昆山日报》9月13日A2版	版面
三等奖	李传玉	全球维修业务 全国"第一票"花落昆山	消息

2.江苏省县市报新闻奖

等次	作者	作品名称	体裁
荣誉奖	史　赛　李传玉	学习深圳经验，建设科技之城	系列报道
一等奖	汪　鹏	两地居民，一脚油门就跨省	通讯
二等奖	史　赛	"离岸创新"扩大人才科技"半径"	消息
	周　舟	雅韵昆台共知音	新闻摄影
三等奖	顾　洁	接受精神洗礼　传承红色基因	新闻摄影
好版面	孙亚美　吕挽澜	《昆山日报》5月12日A1版	版面

3.第二十二届苏州新闻奖

等次	作者	作品名称	体裁
一等奖	陈佩华　杨逸帆　张国一 陈　阳　邓智文　朱雪清 梁睿雯　罗　肖	庆祝昆山解放70周年	现场直播
	李传玉	"昆山模式"创新"一带一路"	消息

等次	作者	作品名称	体裁
二等奖	姚启文 张彪 王超	800万元！钱七虎将国家最高科学技术奖奖金全部捐赠家乡	消息
	汤天伦 郝之声 彭子轩 陈阳	全国综保区全球维修业务"第一票"落户昆山	长消息
	宋新波 王超 沈斌	罕见壮举 我市三人同时捐献造血干细胞	长消息
	宋桂昌	昆山天天都是"服务企业日"	通讯
三等奖	朱子萍 吴磊 李宪刚 谢骏 彭子轩	走基层 看乡村	连续（系列）报道
	史赛	再创一个激情燃烧的火红年代	评论
	茅玉东 张欢	企业一个需求，花桥"让"出办公大楼	消息
	梁睿雯 何树村 徐存燕 蒋瑾 沈斌	2019年昆山第13届国际徒步大会	移动直播

4.苏州市重大报道特别奖

等次	作者	作品名称	体裁
特别奖	刘毅 谢颖	"六稳""六保"看昆山	重大报道
	孙亚美 茅玉东 陆娟	来一场比学赶超	

5.苏州市"走转改"活动优秀新闻作品

等次	作者	作品名称	体裁
三等奖	谢颖 胡启伟 刘毅 邹雏 姚荔青 王晓楹 姚波	都市夜归人	系列报道
优秀奖	孙亚美 茅玉东 陆娟 郭燕	走向我们的小康生活	通讯

6.苏州人家的小康生活优秀作品

等次	作者	作品名称	体裁
优秀作品	巫晓亮　黄春宇	昔日"北大荒"　今日奔小康	融合报道
	王　超　杜　江	海归"蟹二代"的"新农经"	融合报道

7.中国县市区域报新闻奖

等次	作者	作品名称	体裁
一等奖	李传玉	"昆山模式"创新"一带一路"	消息
	张　田	家乡是我永远的牵挂	通讯
	张　丹　庄哲彦　王馨懿　陆雨叶　戴贺孝慈	这五年！祝福！	微信公众号新闻客户端
	孙亚美　吕挽澜	《昆山日报》5月12日A1版	版面
二等奖	史　赛	昆山连续15年荣登百强县市榜首	消息
	史　赛	一流营商环境造就发展高质量	评论
	管胡雯	在昆打工五年替亡夫还债	通讯
	史　赛　胡　鹏　李传玉	昆山经济亮点分析系列报道	系列报道
	周　舟	与国旗同框　为祖国祝福	新闻摄影
三等奖	宋桂昌	非公企业工会主席吃上"绩效饭"	消息
	吕挽澜　郭　燕	《昆山日报》6月1日A2（特别策划）版	版面

8.江苏省绿化好新闻评选

等次	作者	作品名称	体裁
二等奖	金燕博　张　田　张国一　张　丹　周　舟　陈磊磊	在昆山，有种幸福就是"走出家门就是公园"	通讯

9.全国中小企业优秀作品征集

等次	作者	作品名称	体裁
三等奖	史 赛 李传玉 张 田 孙亚美 茅玉东	加快推进企业复工复产系列观察报道	通讯深度系列报道

10.江苏省优秀广播电视节目

等次	作者	作品名称	体裁
二等奖	阮 洋	民情面对面 城市管理办事处专场	电视新闻
三等奖	陈佩华 杨逸帆 张国一 陈 阳 姚启文 梁睿文 罗 肖 朱雪清	庆祝昆山解放70周年电视直播	广播直播
创新创优节目	陈晓白 祝丽霞 戴凤云 施佳高 王 沁 渝朱健	七彩阳光	电视节目
网络视听新媒体十佳栏目	徐 卉 吕 科 张孝亮	"我"眼中的小康	新闻类

11.第八届县级电视台节目推优

等次	作者	作品名称	体裁
一等奖	徐丽娜 邹明阳 矫佳璇	对话"昆山之路"	访谈节目
	钱高燕 陈晓狄 吴 彬 徐丽娜 葛 兵	美好时光 正仪老街	短视频

12.苏州优秀广播电视节目

等次	作者	作品名称	体裁
一等奖	阮 洋	民情面对面 城市管理办事处专场	电视新闻

等次	作者	作品名称	体裁
特别奖	徐丽娜　张斐斐　李松巍 阮　洋	昆山党员教育公开课 ——新春第一课	电视文艺综艺节目
二等奖	姚启文　郝之声　许　静 张　彪　李雅文　钱　月	夜昆山　新风尚	连续（系列）报道
	姚荔青　沈　莹　罗　肖	网罗鹿城事	节目编排
	陆　乐　汤天伦　王　健 李雅文	钱七虎：悠悠故土深情岁月	电视微纪录片
	管吟萧　陈晓狄　吴　彬 葛　兵　王　健　管芸	我眼中的百戏	电视社教系列片
	周　婷	咱爸咱妈	电视播音社教类
	徐丽娜	对话先锋 ——走进新疆克州阿图什市	电视主持社教类
	陈　阳	第六届"感动昆山"道德模范颁奖典礼	电视主持文艺类
	李靓倩	阅然纸上—— 《大美昆曲（节选）》	苏州播音文学作品
	汤天伦　郝之声　张　伟 朱晓磊	宣炳龙：中埃合作的开拓者	消息（对外广播节目）
	吴　磊　谢　骏	昆山发布服务台胞台企20条新举措	消息（对台港澳节目）
三等奖	张孝亮　朱晓磊　王　超 胡启伟	为企业发展腾空间 蓝绍敏点赞"让得好"	电视短消息
	姚启文　王　超　张孝亮	昆山蝉联15年全国百强县市之首： 看似理所当然实则有太多的不然	电视评论
	刘　毅　张孝亮　陈　阳 邓智文　朱晓磊	民情面对面　走进花桥经济开发区	电视访谈节目
	钱高燕　吴　彬　葛　兵	《醉打山门》出衡阳	电视专题片
	钱高燕　吴　彬　管吟萧 喻秀云	伯平画荷	电视文艺文学节目
	钱高燕　管芸　管吟萧 喻秀云	吴桂云：一出戏的人生	电视文艺专题节目
	张孝亮　李松巍　王慧鑫 朱晓磊	九年援疆　情满阿图什	广播专题
	陆　乐　朱达　王　健 彭子轩	钱七虎：国之利器铸盾先锋	广播专题

等次	作者	作品名称	体裁
三等奖	姚波 王蝶飞 陆鹏	昆广新闻	广播节目编排
	史佳 骆扬 张伟	"专员专窗专线"昆山推出服务台企新举措	消息（对外广播节目）
	陈晓 狄葛 兵	评弹道出昆山情	专题（对外广播节目）
	许家乐 景晖 李密	你丢的垃圾去哪儿啦？	广播社教知识性节目
	陆鹏 王蝶飞	昆广新闻	广播播音新闻类
	许家乐	生活小百科	广播播音社教类
	李静	鹿城事	广播主持新闻类
	付文超	百戏夜话：一曲牡丹亭，传唱四百年	广播主持文艺类
苏州优秀栏目	谢颖 邹雏 冯涛 邓智文 陈阳 王晟	昆视新闻	电视新闻
	王蝶飞 徐丽娜 景晖 殷莉莉	对话先锋	广播新闻
	付芊芊	向日葵家族	广播社教节优秀栏目

13.第三届江苏全民阅读"十佳阅读推广平台"

等次	作者	作品名称	体裁
十佳阅读推广平台	杨洁红 蒋永雯 陈芳 何一栋 李密 付芊芊	星光下的朗读者	优秀栏目文艺类

14.江苏省县市融媒优秀作品

等次	作者	作品名称	体裁
一等奖	徐鹤千	江南片玉 灵秀昆山	短视频新闻
	李松巍 王健 邓子娟 吴俊 王馨懿	昆山版快闪：我和我的祖国	移动视频
二等奖	吴俊 李叶	一场"昆马"赛，汇聚两岸情！今天，我们以一座城的名义奔跑！	微信公众号图文类

2021年度

1.第三十一届中国新闻奖

等次	作者	作品名称	体裁
进入定评	李传玉　孙亚美	中国应对疫情给国际投资者带来巨大信心 星巴克投9亿元在昆建产业园 为美国500强企业今年在华投资首个产业项目	消息

2.第二十四届江苏新闻奖

等次	作者	作品名称	体裁
一等奖	李传玉　孙亚美	中国应对疫情给国际投资者带来巨大信心 星巴克投9亿元在昆建产业园 为美国500强企业今年在华投资首个产业项目	消息

3.江苏省好新闻奖

等次	作者	作品名称	体裁
一等奖	顾彩芳	借东风改革破冰　抢C位率先融合	新闻论文
二等奖	作者：宋桂昌 编辑：陈　曦	全国348个戏曲剧种 昆曲源头"大团圆"	消息
	作者：史　赛　李传玉　张　田 编辑：孙亚美　芧玉东	聚焦"昆台融合发展"系列报道	系列报道
	作者：李传玉　翟永桢　刘永刚 编辑：孙亚美	"货运老于"的逆行"囧途"	通讯

等次	作者	作品名称	体裁
二等奖	杨报平　孙亚美　陆娟 陈曦　时旭　钱洁洁 张许	《昆山日报》11月24日T1—T4版	新闻版面
	李叶　徐沁　吴佳希 金燕博　刘文琦　王馨懿	嘀！你的幸福记忆上线啦	新闻漫画
三等奖	李传玉　孙亚美	中国应对疫情给国际投资者带来 巨大信心 星巴克投9亿元在昆建产业园 为美国500强企业今年在华投资 首个产业项目	消息
	策划：陈佩华 作者：朱达　温梦舟 摄像：李雅文　张伟 季昊	都市夜归人	融合创新

4.第二十三届苏州新闻奖

等次	作者	作品名称	体裁
一等奖	姚启文　李雅文　薛春鹏 宋新波　徐卉　杜江	用青春描绘理想村	连续（系列）报道
	李传玉	中国应对疫情给国际投资者带来 巨大信心 星巴克投9亿元在昆建产业园 为美国500强企业今年在华投资 首个产业项目	消息
二等奖	王超　汤天伦　薛春鹏 彭子轩	总理致贺信！星巴克中国 咖啡创新产业园落户昆山	短消息
	王懿　顾叶　朱晓磊	昆山开通全省首批两趟复工返岗专列	长消息
	作者：李传玉　翟永桢 刘永刚 编辑：孙亚美	"货运老于"的逆行"囧途"	通讯
	王超　朱子萍　宋新波 陈志轩　丁科　季昊	昆台融合发展30年	连续（系列）报道

等次	作者	作品名称	体裁
三等奖	李艳	我市诞生苏州首位参加城乡居民养老保险台胞，港澳台居民享"同城待遇"	消息
	宋桂昌	全国348个戏曲剧种 昆曲源头"大团圆"	消息
	马萍	工作在上海、居住在花桥的4000余名党员——"星期天先锋"来了	通讯
	姚启文 王懿 王超 陈志轩	企业逆势加码，昆山凭什么？	评论
	史赛 宋桂昌 李传玉 李艳 马萍	昆山扎实做好"六稳"工作系列报道	系列报道
	徐丽娜 邹明阳 矫佳璇 朱高洪 薛富康	对话"昆山之路"	访谈节目
	陈晓狄 周人杰 吴彬 葛兵	疾控人姜荣明：我的援鄂之行	专题
	陆晓兰 刘文琦 沈莹	走向我们的小康生活系列报道	网络新闻专题
	周旷怡 李松巍 顾叶 阮欣悦 阮洋 陆鹏 罗肖	昆山"夜经济" 越"夜"越有戏	现场直播
	策划：陈佩华 作者：朱达 温梦舟 摄像：李雅文 张伟 季昊	都市夜归人	融合创新
	姚波 王晓楹	昆广新闻	节目编排
好版面	杨报平 孙亚美 茅玉东 陈曦 钱洁洁	《昆山日报》9月29日A2 "两岸一家亲 共筑中国梦"版	新闻版面

5.江苏省县市报新闻奖

等次	作者	作品名称	体裁
一等奖	许晓明	"共享员工"化解生产企业用工难题 餐饮店员当上流水线工人	消息

等次	作者	作品名称	体裁
二等奖	李 艳	我市诞生苏州首位参加城乡居民养老保险台胞，港澳台居民享"同城待遇"	消息
	作者：李传玉 翟永桢 刘永刚 编辑：孙亚美	"货运老于"的逆行"囧途"	通讯
	马 萍	工作在上海、居住在花桥的4000余名党员——"星期天先锋"来了	通讯
	史 赛 张 田 李传玉	聚焦"昆台融合发展"系列报道	系列报道
三等奖	丁 燕	昆山开通全省首趟复工专列	消息
	李传玉 孙亚美	中国应对疫情给国际投资者带来巨大信心 星巴克投9亿元在昆建产业园	消息
	史 赛 李传玉	"中科可控"刷新国内服务器产线效率最高纪录每90秒组装一台高端整机产品	消息
	李传玉	立讯昆山科学园镜像模组项目刷新全省工程建设项目审批纪录	通讯
	宋桂昌	服务"无极限" 昆山"最如意"	评论
	周 舟	妈妈加油，等你平安回来！	新闻摄影
	张骏申	"昆曲四进"弘扬传统文化	新闻摄影
好版面	杨报平 孙亚美 陈 曦 时 旭 钱洁洁 张 许	《昆山日报》11月24日T1—T4版	新闻版面

6.江苏省县市融媒优秀作品奖

等次	作者	作品名称	体裁
一等奖	吴佳希 金燕博 张 丹 沈 菲 张 许	本次推送长度超过5米	微信公众号 新闻客户端
二等奖	顾彩芳 陈佩华 汤天伦 张 丹 朱 达 李雅文	一只大闸蟹的自述！	短视频新闻
	陈佩华 张孝亮 薛春鹏 柳 芳	一个高三女生的高考日记	移动视频专题

等次	作者	作品名称	体裁
三等奖	顾彩芳　顾　洁　金燕博 宋桂昌　丁　燕　李　艳 周　舟　陆　恒　庄哲彦 张　丹	目的地——昆山！ 全省首趟复工专列来了！	消息
	徐丽娜　廖大江　邓子娟 徐根盛　葛　兵	致敬奋斗一代　传承昆山之路	移动视频专题
	陈佩华　周旷怡　李松巍 顾　叶　阮欣悦　阮　洋	昆山"夜经济　越"夜"越有戏	移动直播
	储　沁　陆　莹	横看成岭侧成峰　1+10场各不同	新媒体报道界面

7.苏州市重大报道特别奖

等次	作者	作品名称	体裁
特别奖	左宝昌　顾彩芳　杨报平 陈佩华　吴佳希　孙亚美	心奔小康　梦圆全面小康	重大报道
	左宝昌　顾彩芳　杨报平 陈佩华　吴佳希　孙亚美	奋斗百年路　启航新征程	重大报道

8.苏州市"走转改"优秀作品奖

等次	作者	作品名称	体裁
二等奖	左宝昌　顾彩芳　杨报平 陈佩华　吴佳希　孙亚美 茅玉东　管玉婷　陈　曦 陶雯雯　汤天伦　温梦舟 吴阳辉　张　欢　赵迎飞	用青春描绘心中的"理想村"	连续（系列）报道

等次	作者	作品名称	体裁
优秀奖	左宝昌　顾彩芳　杨报平 陈佩华　吴佳希　孙亚美 茅玉东　冯　涛　沈　莹 陆晓兰　刘文琦　李　刚 陆　恒　李艳萍　丁　燕 阮欣悦　陈志轩　李　艳 任　众　丁　科	聚焦新型职业农民	连续（系列）报道
	左宝昌　顾彩芳　陈佩华 孙亚美　张孝亮　张　斌 徐　卉　吕　科　李艳萍 朱子萍　钱　月　陈志轩 杜　江　陆星晟	"我"眼中的小康	连续（系列）报道

9.中国县市区域报新闻奖

等次	作者	作品名称	体裁
一等奖	作者：李艳萍 编辑：茅玉东　郭　燕	全球首个婴儿车国际标准在昆诞生	消息
	史　赛　孙亚美　茅玉东 陆　娟　郭　燕	聚焦"昆山高新区'国批'十周年" 系列报道	系列报道
	金燕博　张　丹　徐　沁 沈　菲　李　叶　张　许	本次推送长度超过5米	微信公众号 新闻客户端
二等奖	李　艳　孙亚美　陆　娟	这家小店绘出"诚信无价"的样子	消息
	作者：史　赛 编辑：茅玉东　郭　燕	世界最小医用质子加速器在昆面世	消息
	作者：陆　恒 编辑：茅玉东　郭　燕	昆山桥梁建设再次"飞跃"	照片
	孙亚美　茅玉东　陆　娟 郭　燕	来一场比学赶超	栏目
三等奖	作者：张　田 编辑：孙亚美　陶雯雯	张浦镇"外籍河长"护河忙	消息
	作者：李传玉 编辑：孙亚美　陶雯雯	"第一水乡"融入共建"世界湖区"	消息

等次	作者	作品名称	体裁
三等奖	作者：宋桂昌 编辑：茅玉东　管玉婷	村委会"搬"到村口办公	通讯 （现场短新闻）
	作者：丁　燕 编辑：茅玉东　管玉婷	"跨越大洋　爱心接力"	通讯
	作者：史　赛 编辑：茅玉东　郭　燕	以"非常之举"解"燃眉之急"	评论
	作者：宋桂昌 编辑：孙亚美　陆　娟	奏响开放昆山最强音	评论
	吴佳希　茅玉东　陆　娟 吕挽澜	《昆山日报》12月12日A1（要闻）版	版面
	陈佩华　茅玉东　陶雯雯 张　许	《昆山日报》11月7日T2—T3（记者节 特刊）版	版面
	孙亚美　陆　娟　陆　恒	华恒焊接打造5G智慧仓储系统	照片
	陶雯雯　姚启文　周　舟 李雅文　杜　江	在乡村，找到生活本来的样子	短视频

10.2020年度全国报纸副刊优秀版面

等次	作者	作品名称	体裁
优秀奖	高　超	《昆山日报》4月3日B4版	优秀版面

11.第一期全国县级融媒体优秀作品双月赛

等次	作者	作品名称	体裁
一等奖	孙亚美　宋桂昌　史　赛 巫晓亮　马　萍　李传玉 陈　曦　顾　洁　周　舟 张骏申　周　舟　张孝亮 姚启文　徐　卉　张　斌 吕　科　张溪铭　薛春鹏 彭子轩　李雅文　张　彪	江苏昆山：外籍友人在昆 感受"中国年"	图文

12.全国广播电视区域融媒传播力十佳作品

等次	作者	作品名称	体裁
TOP10	陈佩华　张孝亮　薛春鹏	一个高三女生的高考日记	微视频

13.江苏省社会主义核心价值观主题微电影奖

等次	作者	作品名称	体裁
三等奖	吴佳希　缪　岚　温梦舟 李小椒　程　洲　付文超	七十四年后的回信	微电影（短片）

14.第三十一届江苏省报纸副刊好作品

等次	作者	作品名称	体裁
二等奖	高　超	赏心乐事片玉坊	副刊编辑
三等奖	高　超	到乡下去	副刊编辑
	高　超	人语与鸟语	副刊编辑

15.广西金嗓子杯"百年荣光"短视频评选大赛

等次	作者	作品名称	体裁
二等奖	吴佳希　缪　岚　温梦舟 李小椒　程　洲　付文超	七十四年后的回信	短视频
	缪　岚　温梦舟　朱文佳 陈志轩	追梦人——王计兵	短视频

16.苏州网络文化"季季红"评选苏美奖

等次	作者	作品名称	体裁
苏巧奖	张孝亮　李艳萍	"全民心防"系列短视频	短视频

17.第三届鹿城廉勤主题摄影评选

等次	作者	作品名称	体裁
优秀作品	徐鹤千	鹿城清风　美丽昆山	摄影

18.2020中国公益广告大会"白玉兰"杯

等次	作者	作品名称	体裁
优秀奖	徐鹤千	风雪夜　一群人温暖一座城！	摄影

19.中国摄影报评选

等次	作者	作品名称	体裁
入展作品	阮欣悦　李雅文　杜江马　康　洋	小杜丽娘古今穿越 领略昆曲入遗20年风采	摄影

20.江苏省优秀广播电视节目

等次	作者	作品名称	体裁
三等奖	周 婷 钱高燕 朱高洪 陈 培 张 奇 张明杰	李树建"救孤"	专题节目
	陈晓白 祝丽霞 戴凤云 王沁渝 施佳高 朱 健	有故事的地名——花桥	少儿电视节目
优秀	许 静	卖房捐款！ 昆山老人临终遗嘱终实现	长消息
创新创优 节目	陈晓白 祝丽霞 戴凤云 施佳高 王沁瑜 朱 健	七彩阳光	少儿节目

21.苏州优秀广播电视节目

等次	作者	作品名称	体裁
一等奖	廖大江 朱明月 马沁沁 张 静 许 晖 缪弓冶 唐添翼	昆山市政协民主评议 "舌尖上的大事"	特别节目
	周 婷 朱高洪 陈 培 张 奇 张明杰	李树建"救孤"	专题节目
	沈昊亮	百科全说——谣言粉碎机	广播主持文艺类
	陈佩华 周旷怡 张馨月 彭子轩	我在昆山做河长	对外电视节目（消息）
特别奖	王 超 朱子萍 宋新波 陈志轩 丁 科 季 昊	昆台融合发展30年	连续（系列）报道
	姚启文 李雅文 薛春鹏 宋新波 徐 卉 杜 江	用青春描绘理想村	连续（系列）报道

等次	作者	作品名称	体裁
特别奖	钱高燕　管芸　吴彬　葛兵	异乡诗篇	专题（对外电视节目）
	金燕博　张丹　徐沁　沈菲　李叶　张许	本次推送长度超过5米	融合创新
优秀栏目	李密　杨佶红　周理　虞乐	星光下的朗读者	优秀栏目文艺类
	付芊芊　陈芳　沈昊亮	向日葵家族	广播社教节优秀栏目
	谢颖　邹雏　姚荔青　柳芳　梁睿雯　陈阳	昆视新闻	优秀栏目电视新闻
二等奖	王超　汤天伦　薛春鹏　彭子轩	总理致贺信！星巴克中国咖啡创新产业园落户昆山	短消息
	王鑐　顾叶　谢骏　彭子轩	昆山开通全省首批两趟复工返岗专列	长消息（电视）
	陈晓狄　周人杰　吴彬　葛兵	疾控人姜荣明：我的援鄂之行	专题（电视）
	王鑐　顾叶　朱晓磊	昆山开通全省首批两趟复工返岗专列	长消息（广播）
	沈丽琴　吴春花	昆山智慧农业平台为现代农业保驾护航	对象性节目
	方亦圆　陈晓狄　邓子娟　柳青　王艺嘉	"百戏节"短片系列	系列片
	葛兵　周人杰　徐丽娜　管芸	遇见计家墩	专题片
	王蝶飞	昆广新闻	广播播音新闻类
	徐丽娜	"蟹"逅昆山	电视主持新闻类
	陈佩华　汤天伦　朱达　李雅文　张丹	一只大闸蟹的自述！	短视频新闻
	钱高燕　陈晓狄　葛兵　吴彬　徐丽娜	美好时光　正仪老街	短视频
	金燕博　汤天伦　张骏申　李叶　王馨鑐　张丹	滑动解锁！"昆马"赛道抢先看	新媒体创意互动
	庄梦　许晓莉　张宝莹　薛富康　孙杰	安全生产等不起	短视频
三等奖	姚波　王晓楹	昆广新闻	节目编排

等次	作者	作品名称	体裁
三等奖	周旷怡　李松巍　顾　叶 阮欣悦　阮　洋　陆　鹏 罗　肖	昆山"夜经济"　越"夜"越有戏	现场直播
	陈佩华　王　超　李雅文 张　彪	总理致贺信！星巴克中国 咖啡创新产业园落户昆山	短消息
	姚启文　王　懿　王　超 陈志轩	企业逆势加码，昆山凭什么？	评论
	陈佩华　周旷怡　李松巍 阮　洋　顾　叶　阮欣悦 彭子轩　陈志轩	昆山"夜经济"　越"夜"越有戏	现场直播
	张孝亮	我的2020 ——追梦篇（台企）	对台港澳节目 （专题）
	王　懿　丁　科	分家不分亲　百年文契传承好家训	对外广播节目 （消息）
	汤天伦　沈亦洋　阮　洋	万里尚为邻 ——记者探访昆山（埃塞）产业园	对外电视节目 （专题）
	喻秀云　吴　彬　管　芸 周人杰	花桥，不是上海的上海	对外电视节目 （文艺节目）
	徐丽娜　邹明阳　矫佳璇 朱高洪　薛富康	对话"昆山之路"	访谈节目
	李司司　温梦舟	吾心安处是吾家	公众性节目
	李靓倩　张　婷　朱　俊	诗和远方，就在脚下 ——锦溪计家墩理想村	公众性节目
	张亚燕　李司司	锦溪老匠人的"金砖"故事	知识性节目
	张婷婷　李靓倩　朱　俊	发现长三角——发现巴城	特别节目
	邓子娟　朱高洪　方亦圆 施佳高	早起去吃奥灶面	微纪录片
	陈佩华　张孝亮　薛春鹏 柳　芳	一个高三女生的高考日记	微纪录片
	钱高燕　管　芸　吴　彬 唐添翼	摆摊在2020	短纪录片

等次	作者	作品名称	体裁
三等奖	邹明阳　王　青　张宝莹 张　奇	稻鸭草鹅——探索土地利用新模式	科普节目
	陈晓白　祝丽霞　施佳高 戴凤云　王沁瑜　朱　健	七彩阳光	少儿节目
	许家乐　孙　婧　李　霞 林　炎	小林的低碳生活	公益广告
	杨佶红　何一栋　付芊芊 李靓倩	为什么不一样	单本剧
	吴春花　沈丽琴	毛衣	音乐节目
	李鹏飞	朝鲜1592（51）	长篇连播节目
		朝鲜1592（52）	
	钱高燕　陈晓狄　葛　兵 吴　彬	上塘街的春天	文学节目
	陆　鹏	听说	广播播音社教类
	罗　肖	昆城纪	电视主持社教类
	周　婷	咱爸咱妈	电视主持社教类
	梁睿雯	昆视新闻	电视播音新闻类
	罗　肖	浅析经典诵读对节目主持人的影响	新媒体研究（论文）
	周矿怡　许　静　钱　月	夜话小康	移动直播
	庄　梦　许晓莉	安全有我共建共享	短视频
"创新榜"最受青睐节目	何一栋　沈昊亮	欢乐早班车	电视节目

2022年度

1.江苏省好新闻

等次	作者	作品名称	体裁
一等奖	胡 鹏 崔玉玲 王小琴 孙亚美 陶雯雯	昆山对所辖阳澄湖区全面执行"长江十年禁渔" 大闸蟹"游"进3万亩"仿真"新家 今后仍可吃到正宗阳澄湖大闸蟹	文字作品（消息）
二等奖	陆 娟 吕挽澜 张 许	《昆山日报》5月18日B2—B3版 昆曲入遗20周年特别策划	新闻版面
三等奖	缪 岚 汤天伦 张 丹 徐 沁 李 叶 潘 琳 王 懿 胡启伟 吴佳希 冯 涛 姚荔青	重温昆山红色记忆	媒体融合（创意互动）
	作者：杨守松 编辑：高 超	苏州第一张昆曲VCD	报纸副刊（散文）
	李 艳	县级市首个！ 昆山市场主体突破100万户	网络作品（消息）

2.苏州新闻奖

等次	作者	作品名称	体裁
一等奖	作者：李 艳 编辑：茅玉东 郭 燕	1000000户！昆山再创一项纪录 市场主体总量稳居全国县级市首位	消息
	朱子萍 谢婧扬 朱晓磊	百余名台湾籍学生今年考取"双一流"学校	对外广播节目（消息）

等次	作者	作品名称	体裁
二等奖	陈佩华　姚启文　李宪刚 李雅文	"昆山造"肝癌靶向药纳入国家医保目录	短消息
	作者：茅玉东　管胡雯 　　　李艳萍 编辑：孙亚美　陈曦	年轻人打造的IP，打造年轻人喜欢的IP，形成面向年轻人的新消费新模式新产业——一支年轻力量带领周庄突围	通讯
	张　斌　陈志轩　冯千里 彭子轩	幼师金瑶：打不死的向日葵妈妈	专题
	陈佩华　张孝亮　阮欣悦 马康洋	花桥700亩农田停留中国10%鸟种	长消息
	陈佩华　张孝亮　李艳萍	"昆小融"话"心防"系列短视频 （3篇）	短视频专题
	刘毕亮　景　晖　徐丽娜 邹明阳　姜梦莉　陈　栋	跨越三千里　昆碧一家亲	融合创新
	陈佩华　张孝亮　许　静 冯千里	一月内3例成功捐献 生命相"髓"　抒写鹿城大爱	长消息
	姚启文　李宪刚　谢　骏 李雅文	老小区加装电梯如何按下快进键？	评论
三等奖	徐芳得　陈　藻　左卿煊 薛富康　张宝莹　张明杰	昆山纬创 "数字蓝海"上的一座灯塔	访谈节目
	孙亚美　张　许　陈　曦	《昆山日报》2月19日A2版	版面

3.江苏省县市好新闻

等次	作者	作品名称	体裁
一等奖	作者：史　赛 编辑：孙亚美　金燕博 　　　管玉婷　陈曦	"勇树沪苏同城'第一站'城市定位" 系列评论	系列评论
	作者：丁　燕 编辑：金燕博　管玉婷	花桥700亩农田停留中国10%鸟种	消息

等次	作者	作品名称	体裁
二等奖	缪 岚 温梦舟 朱文佳 孙 婧 王 懿	防疫系列改编歌曲《做好防护行不行》、手指舞《德尔塔》《成团出道，我看行！》	融合创新
	陈佩华 张孝亮 阮欣悦 李雅文	花桥700亩农田停留中国10%鸟种	短视频新闻
	李传玉 瞿永桢 孙亚美 陶雯雯	在420多个陌生人的爱心接力下，昨晚，昆山男孩"小馒头"终于完成骨髓移植手术——一个微信群，68天的生命守望	通讯
	作者：丁 燕 编辑：茅玉东 陶雯雯	在生命至暗时刻，一群孩子让幼儿教师金瑶重新燃起生命之光——做不了母亲，她却成为最幸福的妈妈	通讯
	作者：史 赛 编辑：孙亚美 陈 曦	行政审批"再提速" 昆山服务"臻如意""三天办四证"再创审批新纪录	消息
	作者：瞿玉标 编辑：孙亚美 赵迎飞	"最美跪姿"彰显昆山城市温度	评论
	作者：史 赛 李传玉 张 田 编辑：孙亚美 金燕博	"发力新兴产业，逐鹿全新赛道"系列报道	系列报道
三等奖	作者：丁 燕 编辑：孙亚美 陆 娟	一家企业发起 一群企业响应 全国首个外企协商联盟在昆山成立	消息
	作者：李传玉 编辑：孙亚美 陆 娟	数字赋能，让生产更"聪明"——探秘"灯塔工厂"昆山纬创	通讯
	顾 洁	守护，为了多样的精彩	组照
	吴佳希 缪 岚 王一旭 徐 沁 李 叶	大家好，我是昆山"凡尔赛"阿婆！	微信公众号图文作品
	金燕博 张 丹 陆雨叶 李 叶 徐 沁	昆山人家的幸福生活	新媒体创意互动
	作者：顾 叶 编辑：孙亚美 管玉婷	手抄党建作品成"大世界吉尼斯之最"73岁老党员32个月书写54.18万字	消息
好版面	孙亚美 陶雯雯 张 许	《昆山日报》9月17日A2版	版面
好专栏	孙亚美	安全昆山 你我共创 积极争创省级安全发展示范市	专栏

4.长三角广播电视媒体融合典型案例

等次	作者	作品名称	体裁
广播电视媒体融合典型案例	刘卫华	小小工作室闯出大天地——昆山县融品牌工作室的创新探索	融合创新

5.中国县市报新闻作品奖

等次	作者	作品名称	体裁
一等奖（4个）	作者：史赛 编辑：茅玉东 郭燕	"生金"之地更要"吸金"	评论
	金燕博 陈曦 陶雯雯 时旭 钱洁洁	《昆山日报》11月16日A3"守护，为了多样的精彩"版	版面
	朱文佳 孙婧 陈志轩 彭子轩 缪岚 汤天伦 温梦舟 王懿	防疫三部曲	融合创新
二等奖	作者：管胡雯 李艳萍 编辑：孙亚美 管玉婷	编号300634小行星，以昆山人朱文鑫命名	消息
	作者：王超 李雅文 经方浩 编辑：姚荔青 谢颖	昆山全球维修业务支撑起百亿级"大生意" 去年昆山综保区保税维修业务产值达100亿元，今年前七个月同比增长5.79%	消息
	孙亚美 郭燕 时旭	《昆山日报》7月2日A1—A4"奋斗百年路 启航新征程"版	版面
	朱文佳 缪岚 温梦舟	昆山这位外卖小哥将生活写成了诗。最近，他成为第30届全国书博会"十大读书人物"候选人	短视频
	作者：杨守松 编辑：高超	初心不移 ——《浣纱记》选编之"本	副刊（文艺评论）

等次	作者	作品名称	体裁
三等奖	作者：李传玉 编辑：孙亚美	书写金融改革"昆山样本" 昆山金改区一年诞生140项"首创"	消息
	作者：许晓明 编辑：茅玉东　郭　燕	昆山助力碳达峰碳中和 一项标准可创造价值超5000万元	消息
	作者：张　欢 编辑：孙亚美　陶雯雯	"上链"流转闲置住宅变身民宿 全国首笔"区块链+闲置住宅" 交易在昆完成	消息
	作者：李传玉 编辑：孙亚美	昆山夏驾河科创走廊 入选全省科技创业孵化链条试点 一条孵化链串起千余家科技企业	消息
	张　丹　史　赛　顾　洁 陈磊磊　缪　岚	今天，昆山发出"春天的邀请"！	消息
	张　丹　李传玉　许　静 温梦舟	68天，400余人， 只为延续昆山这个孩子的生命！	消息
	缪　岚　汤天伦　王　懿 孙　婧　吴佳希	苏州一抑郁症女子点外卖　被聋哑骑手 治愈，愿每个人都被温柔以待！	消息
	姚启文　张孝亮　王　超 李　刚　李雅文　季　昊 彭子轩　刘　毅　谢　颖	十三五"强富美高"系列报道	系列报道
	作者：黄春宇 编辑：陶雯雯	2021年长江经济带 "周市杯"舞狮邀请赛	新闻摄影（单幅）
	作者：顾　洁 编辑：陆　娟　孙亚美	春耕备耕图	新闻摄影（单幅）
	阮　洋　黄佩诗	县级融媒体中心播音主持人发展策略	论文
优秀奖	左宝昌　李传玉　陈斯雯 费妹涵	"党建+融媒"书写全媒传播新篇章	论文

6.苏州优秀广播电视节目

等次	作者			作品名称	体裁
一等奖	胡启伟　姚荔青　邹　雏 陆　乐　邓智文　阮　洋			昆视新闻	优秀栏目
	徐丽娜　邹明阳　朱高洪 张　骏　张明杰　陆辰浩			第一视角	优秀栏目
二等奖	徐芳得　陈　藻　左卿煊 薛富康　张宝莹　张明杰			昆山纬创 "数字蓝海"上的一座灯塔	访谈节目
	陈佩华　张孝亮　张馨月 谢　骏			昆山市场主体总量突破100万户大关	对台港澳节目（消息）
	张婷婷　吴春花　李靓倩 何一栋			发现长三角——发现锦溪	特别节目
	柳　青　方亦圆　张　骏 唐添翼			动与静的少年——汤乾观岳	短纪录片
	缪　岚　汤天伦　徐　沁 李小椒　朱　达			昆山民警百米高空救下轻生女子： 这就是人民的好警察	短视频新闻
	陈佩华　姚启文　张　斌 杜　江　陈志轩　高　杰 朱　磊　邓智文			"就在苏州·昆山如意" 点对点返岗复工欢迎活动	移动直播
	王一旭　李　叶　胡启伟 王　懿　冯　涛　姚荔青 陆　乐　姚　波			独家秘籍！ 看昆山防疫"武功"十一招	融合创新
	沈昊亮　何一栋　杨迪涵 陈　芳			昊亮的书柜 ——解读余华作品《活着》	文学节目

等次	作者	作品名称	体裁
二等奖	沈丽琴	鹿城音苑——深入生活、扎根人民 昆山群文工作者蒋利平音乐作品专辑	音乐节目
	李鹏飞	首辅张居正（32）（42）	长篇连播节目
	何一栋　杨磊　俞剑彪 李静　钱丽娜	月圆中秋·慈善永恒 ——2021昆山市公益慈善活动	综艺节目
	张述勇　喻秀云　吴彬 管芸　许家乐　陈晓狄 周人杰　陈飞宏	快闪《唱支山歌给党听》	音乐节目
	陈阳	中共一大：为新中国启航	电视主持文艺类
	王晟	昆视新闻	电视播音新闻类
	徐丽娜	对话先锋——建党百年话初心	电视主持社教类
三等奖	姚启文　张彪	三天办四证 刷新全省工程建设项目审批新纪录	短消息
	姚波　朱敬哲　陆鹏	昆广新闻	节目编排
	马沁沁　丁靓萍　薛富康 陈藻	一撇一捺　传承文化	对外电视节目 （专题）
	马沁沁　丁靓萍　薛富康 陈藻	民宿里的水乡	对外电视节目 （文艺节目）
	李司司　温梦舟　朱文佳	我们都是解放军	对象性节目
	张婷婷　李靓倩　何一栋	希望的田野——水稻灌区智能水肥 一体化灌溉施肥器	知识性节目

等次	作者	作品名称	体裁
三等奖	钱高燕　葛　兵　陆　鹏 陈　藻	妈妈的星光	短纪录片
	徐丽娜　邹明阳　朱高洪 张　骏	跨越千山万水的承诺——走进碧江	专题片
	徐丽娜　邹明阳　矫佳璇 朱高洪　朱明月　陆辰浩 张宝莹　缪弓冶	对话先锋　"八一"特别策划 ——弘扬光荣传统　赓续红色血脉	特别节目
	朱雅婷　张　静　王艺嘉 缪弓冶	你所不知道的四大家鱼人工催产技术	科普节目
	王　青　王亦侯　朱高洪 张　骏	用爱生活　守护心健康	公益广告
	冯　涛　陈　阳　陈志轩 陶雯雯　陈　曦　赵迎飞	"沪苏同城化"， 昆山何以实现新超越？	短视频评论
	何一栋　张婷婷　李靓倩 陈　芳	傲雪寒梅·昆曲传承 ——声音记录小梅花的一天	戏曲·曲艺节目
	何一栋　朱　俊　李靓倩 赵晓薇　严沁苒　周　婷	第三届昆山市群众文艺"琼花奖" 舞台艺术类作品决赛戏剧曲艺场	综艺节目
	张婷婷	为你，千千万万遍 ——解读《追风筝的人》	广播播音文艺类
	阮　洋	昆山丰收季——昆小融带你去捕蟹	电视主持新闻类
	李　密　许家乐	半条棉被	单本剧

7.江苏广播电视播音与主持作品评选

等次	作者	作品名称	体裁
二等奖	梁睿雯	中国中东欧新春晚会	电视主持文艺类

8.全国城市党报优秀作品评选

等次	作者	作品名称	体裁
二等奖	李松巍 张孝亮 徐 卉 顾 叶 阮 洋 李雅文 朱 磊 徐飞熊	昆山丰收季 ——"昆小融"带你去捕蟹	移动直播
三等奖	阮 洋	县级融媒体中心播音主持人发展策略	论文
	陆 娟 吕挽澜 张 许	《昆山日报》5月18日 B2—B3 "幽兰六百年 最美在今朝"版	版面

9.苏州"江南文化"影视作品（短视频）大赛

等次	作者	作品名称	体裁
二等奖	吴 彬 喻秀云 葛 兵 周人杰 管 芸	阳澄湖畔蟹故乡	短视频
优秀奖	陈晓狄 葛 兵 许家乐 陈飞宏 钱高燕 张 宇	传习——2022年"天下第一团"纪事	短视频

10.江苏省科技好新闻

等次	作者	作品名称	体裁
二等奖	王　超	5天！迈胜跑出"加速度"	消息

11.中国报纸副刊优秀版面

等次	作者	作品名称	体裁
优秀版面	高　超　时　旭	《昆山日报》6月11日B4版	版面

12.江苏省出版传媒融合发展创新案例

等次	作者	作品名称	体裁
融合发展创新案例	刘卫华	琢玉匠心育人才　加减乘除强激励	融合创新

13.新华社全国县融中心优秀奖（栏目）

等次	作者	作品名称	体裁
优秀奖	左宝昌　徐芳得　陈藻 左卿煊　景　晖　徐丽娜 柳　青　朱高洪	对话企业家	栏目

14.全省广播电视公益广告优秀作品

等次	作者	作品名称	体裁
三等奖	杨迪涵　陈芳　何一栋 李靓倩　张婷婷	全民阅读02	广告

15.苏州网络文化"季季红"苏美奖

等次	作者	作品名称	体裁
优秀项目	徐存燕　黄蕾　谷亚州 叶　剑　金燕博	"江南文化"元宇宙体验快闪	项目

2023年度

1.中国新闻奖

等次	作者	作品名称	体裁
二等奖	左宝昌　陈佩华　吴佳希 张孝亮　徐　卉　王　超 梁睿雯　陈　阳　马康洋 杜　江　杨子圣	潮起东方　寻找百强"共富"密码	融合报道
三等奖	主创：王　超　马康洋 编辑：左宝昌　吴佳希 　　　韩　斌	一线调研：信心从何来？	专题报道
进入定评	金燕博	落点·触点·支点：县级融媒体中心建设中的"深融合"	论文

2.江苏省好新闻

等次	作者	作品名称	体裁
一等奖	左宝昌　陈佩华　吴佳希 张孝亮　徐　卉　王　超 梁睿雯　陈　阳　马康洋 杜　江　杨子圣	潮起东方　寻找百强"共富"密码	融合报道
一等奖	作者： 缪　岚　王　懿　陆雨叶 赵　璐　潘　琳　徐　沁 范丹薇　欧阳晓野 编辑：吴佳希　冯　涛 　　　姚荔青	在这里，一起感悟新时代"昆山之路"	媒体融合
二等奖	作者：缪　岚　王一旭 　　　李　叶　范丹薇 　　　欧阳晓野 编辑：吴佳希　王　懿	不装了，我摊牌了！	新闻漫画
二等奖	左宝昌　金燕博	尊重规律：融媒体中心发展的重要遵循——以昆山市融媒体中心改革发展实践为例	论文
二等奖	作者：胡　鹏　刘　慧 编辑：左宝昌　杨报平 　　　冯　涛	"一体化"治理解除进博会之忧 流向上海的"害草"在昆山"断流"	消息

等次	作者	作品名称	体裁
三等奖	王小琴　胡　鹏　陈佩华	这个全国首个农民培育站 "批量生产"高素质农民 300多农民争抢三个直播带货培训名额	网络作品

3.江苏省县级融媒好新闻

等次	作者	作品名称	体裁
一等奖	作者：胡　鹏　刘　慧 编辑：左宝昌　杨报平 冯　涛	"一体化"治理解除进博会之忧 流向上海的"害草"在昆山"断流"	消息
	作者： 沈　玲　苟思浩　徐　蕾 朱智红　刘　洋　陈　军 王　超　马康洋　甄　军 沈亦洋　朱振海　朱怡岚 李海鹏 编辑：左宝昌　吴佳希 韩　斌	一线调研：信心从何来？	新闻专题
二等奖	作者： 缪　岚　王　懿　陆雨叶 赵　璐　潘　琳　徐　沁 范丹薇　欧阳晓野 编辑：吴佳希　冯　涛 姚荔青	在这里，一起感悟新时代 "昆山之路"	融合报道
	作者： 管玉婷　陈　曦　陶雯雯 赵迎飞　时　旭　张　许 吕挽澜　钱洁洁 编辑：吴佳希　孙亚美 冯　涛	喜迎二十大特刊	新闻编排
三等奖	作者：茅玉东　张　田 编辑：韩　斌　孙亚美 陈　曦	为国铸盾，心中却有块最柔软的地方	通讯
	陈　栋　姜梦莉　顾　瑛 苏　剑　张东凉　付文超	跟随亭林脚步，重走游学之路	新闻编排

4.苏州新闻奖

等次	作者	作品名称	体裁
一等奖	巫晓亮　刘文琦	昆山外贸突破千亿美元大关	消息
	陈佩华　姚启文　王超　张孝亮	"外资纷纷加码昆山　持续看好中国"　二十大代表昆山市委书记周伟10月16日亮相"党代表通道"	消息
	刘毕亮　巫晓亮　郝之声　瞿玉标　丁燕　张欢　孙亚美　金燕博　冯涛　管玉婷　赵迎飞	聚焦昆山开发区国批30周年系列报道	系列报道
	姚波　沈莹　陆鹏	昆广新闻	新闻编排
二等奖	史佳　马康洋	昆山颁出新政后江苏首张台湾居民个体工商户营业执照	消息（对台港澳节目）
	作者：茅玉东　编辑：孙亚美　陈曦	新时代"昆山之路"：从头越，再出发！	评论
	作者：茅玉东　张田　编辑：韩斌　孙亚美　陈曦	为国铸盾，心中却有块最柔软的地方	通讯
	史赛　马萍　张田　吕科　刘文琦　陆晓兰　朱敬哲	聚焦昆山"六新"产业系列报道	系列报道
	作者：顾洁　张骏申　编辑：孙亚美　陶雯雯	丰收在望	新闻摄影
	作者：徐鹤千　编辑：金燕博　管玉婷	关键零部件到了	新闻摄影
	左宝昌　金燕博	尊重规律：融媒体中心发展的重要遵循——以昆山市融媒体中心改革发展实践为例	新闻业务研究

等次	作者	作品名称	体裁
三等奖	作者：李 艳 编辑：金燕博 冯 涛	台湾地区技术士在昆享同等待遇	消息
	作者：丁 燕 编辑：金燕博 冯 涛	"业务合作方"变"安全共同体"	消息
	作者：张 田 编辑：陆晓兰	昆山成为全国首个 规上工业总产值超万亿县级市	消息
	作者：张 田 编辑：庄哲彦	新政后江苏首张台湾居民个体工商户 营业执照在昆颁发	消息
	陈佩华 张孝亮 史佳 张 伟	两岸一家亲！昆山"疫"路 护航133名台籍考生完成联招考试	消息 （对外电视节目）
	作者：茅玉东 编辑：刘文琦	昆山又做了一件"无中生有"的事！	评论
	作者：茅玉东 翟玉标 编辑：孙亚美 赵迎飞	昆曲源头 构建"中国戏曲命运共同体"	通讯
	许晓明 史赛 陆娟 庄哲彦	"中国好人"刘春荣——江南深情"牛 爸爸" 千里守护"格桑花"	新闻专题
	许 静 张孝亮 马康洋 李雅文	钱七虎：深厚乡情诠释新时代 "忠孝两全"	新闻专题
	钱高燕 葛兵 周人杰 许家乐	会唱歌的剪刀	新闻专题
	赵迎飞 张 许 孙亚美	《昆山日报》1月19日A2版特别报道	新闻编排
	管玉婷 钱洁洁 韩 斌 孙亚美	花开并蒂 灯映两岸	新闻编排

5.中国城市党报新闻奖、新闻论文奖和媒体融合奖

等次	作者	作品名称	体裁
一等奖	作者：巫晓亮 编辑：孙亚美　陶雯雯	昆山进出口总额首破千亿美元	消息
	作者：茅玉东　史　赛 编辑：孙亚美　陶雯雯	山海协奏，到底有多美妙？	通讯与深度报道
	作者：顾　洁　张骏申 编辑：孙亚美　陶雯雯	丰收在望	新闻摄影
	左宝昌　金燕博	尊重规律：融媒体中心发展的重要遵循——以昆山市融媒体中心改革发展实践为例	论文
	作者： 孙亚美　金燕博　吴　俊 陆　娟　段晓芳　许晓明 翟玉标　王　超　张　欢 任　众　丁　燕　肖文泰 李艳 编辑：陶雯雯　管玉婷 　　　赵迎飞	"抓落实看成效　政府工作报告邀您来点评"系列报道	通讯与深度报道
	陈佩华　吴佳希　张孝亮 顾　叶　任　众　唐　昊 钱　月　徐飞熊	"昆小融"帮帮团	新媒体品牌栏目

等次	作者	作品名称	体裁
二等奖	作者：茅玉东　翟玉标 编辑：孙亚美　赵迎飞	昆曲源头 构建"中国戏曲命运共同体"	通讯与深度报道
	作者：许晓明 编辑：孙亚美　陈　曦	年筹集助学款250余万元，圆350名西部学生"大学梦"，昨日获评"中国好人"——江南深情"牛爸爸"千里守护"格桑花"	通讯与深度报道
	作者：史　赛 编辑：孙亚美　陈　曦	主动拥抱数字化浪潮，更好赋能产业转型、创新发展，昆山——产业创新集群"迎风"而立	通讯与深度报道
	作者： 孙亚美　金燕博　刘毕亮 巫晓亮　郝之声　翟玉标 丁　燕　张　欢 编辑：冯　涛　管玉婷 　　　赵迎飞	聚焦昆山开发区国批30周年系列报道 （6篇）	通讯与深度报道
	作者： 吴佳希　孙亚美　冯　涛 管玉婷　陈　曦　陶雯雯 赵迎飞　时　旭　张　许 吕挽澜　钱洁洁	喜迎二十大特刊 《昆山日报》10月15日T1—T16版	新闻版面
	金燕博	落点·触点·支点：县级融媒体 中心建设中的"深融合"	论文
	作者：张　田 编辑：金燕博　管玉婷	一条"护考路"　两岸情更浓 三省七市携手助力133名昆山台籍考生 完成联招考试	消息
	作者：张　田 编辑：孙亚美　陈　曦	台胞"同等待遇"加速落实新政后 江苏首张台湾居民个体工商户营业执照 在昆颁发	消息
	陈佩华　张孝亮　史　佳 张　伟	两岸一家亲！昆山"疫"路 护航133名台籍考生完成联招考试	消息 （对外电视节目）

等次	作者	作品名称	体裁
三等奖	作者：胡 鹏 陈佩华 王小琴 编辑：孙亚美 冯 涛	这个全国首个农民培育站 "批量生产"高素质农民 300多农民争抢三个直播带货培训名额	消息
	作者：许晓明 编辑：孙亚美 管玉婷	5000多名老人喜提"被遗忘"的公积金	消息
	作者：许晓明 编辑：金燕博 冯 涛	幸福宜居"一键直达"	通讯与深度报道
	作者：茅玉东 张 田 编辑：孙亚美 陈 曦	为国铸盾，心中却有块最柔软的地方	通讯与深度报道
	作者：孙亚美 金燕博 马 萍 张 田 吕 科 编辑：冯 涛 陈 曦	聚焦昆山"六新"产业系列报道	通讯与深度报道
	作者：金燕博 孙亚美 张 欢 翟玉标 编辑：陶雯雯 陈 曦 赵迎飞	"勇当乡村振兴示范样板"系列报道	通讯与深度报道
	作者：茅玉东 编辑：孙亚美 陈 曦	新时代"昆山之路"： 从头越，再出发！	评论
	作者：茅玉东 编辑：孙亚美 陈 曦	看，那张倔强的凳子！	副刊作品
	李松巍 张孝亮 陆 鹏 阮 洋 王 晟 刘 航 朱 磊	中国农民丰收节——庆丰收、蟹满仓	移动直播
	张孝亮 张 斌 许 静 徐 卉 马康洋 朱晓磊 钱 月 黄 蕾	端午安康 ——"昆小融"带你过佳节	移动直播

6.中国县市报新闻奖

等次	作者	作品名称	体裁
一等奖	陈佩华 吴佳希 张孝亮 顾 叶 任 众 徐 卉 徐飞熊 沈 莹 朱敬哲	"昆小融"帮帮团	舆论监督
	孙亚美 金燕博 史 赛 陆 娟	深一度	专栏
	作者：茅玉东 翟玉标 编辑：孙亚美 赵迎飞	昆曲源头 构建"中国戏曲命运共同体"	通讯
	作者：张 田 编辑：孙亚美 陶雯雯	昆山规上工业产值迈上万亿元新台阶	消息
	金燕博 陈佩华 管玉婷 钱洁洁	暖心春运，温暖"回家路"	新闻编排
	金燕博	落点·触点·支点：县级融媒体 中心建设中的"深融合"	新闻业务研究
二等奖	主创： 沈 玲 荀思浩 徐 蕾 朱智红 刘 洋 陈 军 王 超 马康洋 编辑：左宝昌 吴佳希 　　　 韩 斌	一线调研：信心从何来	新闻专题
	张孝亮 王 超 梁 睿 雯陈阳 徐 卉 杜 江 马康洋 刘文琦	探秘昆山Vlog（系列专题）	新闻专题
	张孝亮 李雅文 许 静 马康洋 刘 毅 胡启伟	钱七虎：深厚乡情诠释新时代 "忠孝两全"	电视专题
	张孝亮 李雅文 许 静 马康洋 刘文琦	昆山籍院士钱七虎获颁"八一勋章"	新媒体短视频
	张孝亮 程 洲 殷莉莉 庄哲彦	硬核！昆山一家四口 组成核酸检测"全链条"	新闻专题
	作者：史 佳 马 康 洋 编辑：谢颖胡启伟	昆山颁出新政后江苏首张 台湾居民个体工商户营业执照	消息

等次	作者	作品名称	体裁
二等奖	作者：张孝亮　王　超 张淏铭　徐　卉 李宪刚 编辑：谢　颖　邹　雏 陆　乐	而立再出发　迈向新超越 昆山开发区国批30周年	系列报道
	作者：张孝亮　姚启文 王　超 编辑：谢　颖　邹　雏	"外资纷纷加码昆山　持续看好中国"　二十大代表昆山市委书记周伟10月16日亮相"党代表通道"	电视消息
	作者：张孝亮　许　静 顾　叶 编辑：刘　毅　姚　波	神舟十五号成功发射 家乡人民见证17年后俊龙再飞天	广播消息
	作者：茅玉东 编辑：孙亚美　陈　曦	看，那张倔强的凳子！	副刊作品
	作者：胡　鹏　陈佩华 王小琴 编辑：孙亚美　冯　涛	这个全国首个农民培育站 "批量生产"高素质农民 300多农民争抢三个直播带货培训名额	消息
	作者：巫小亮 编辑：刘文琦	昆山进出口总额首破千亿美元	消息
	作者：许晓明 编辑：朱敬哲	5000多老人喜提"被遗忘"在昆山的5200万元公积金	消息
	金燕博　陈佩华　杨报平 管玉婷	一个微信群　温暖一座城	通讯
	作者：许晓明 编辑：孙亚美　陈　曦	江南深情"牛爸爸" 千里守护"格桑花"	通讯
	作者：茅玉东　史　赛 编辑：孙亚美　陶雯雯	山海协奏，到底有多美妙？	通讯
	作者：顾　洁　张骏申 编辑：孙亚美　陶雯雯	丰收在望	新闻摄影
	管玉婷　钱洁洁　韩　斌 孙亚美	花开并蒂　灯映两岸	新闻编排
	孙亚美　金燕博　王　超 张　田　许晓明　李宪刚 丁　燕　李　艳　冯　涛 管玉婷　陈　曦	奋进新征程　建功新时代 勇当乡村振兴示范样板系列报道	系列报道

等次	作者	作品名称	体裁
三等奖	作者：张孝亮　徐　卉　张　斌　许　静　甘小凡 编辑：谢　颖　邹　雏　陆　乐	台青走花"鹿"	系列报道
	作者：姚启文　张　斌　马康洋 编辑：邹　雏	抢救濒临失传剧种 展现百戏之师担当	长消息
	陈佩华　张孝亮　史　佳　张　伟　陆晓兰	两岸一家亲！昆山"疫"路 护航133名台籍考生完成联招考试	短视频新闻
	张　田　吴佳希　汤天轮　张　丹	"昆如意"护航赶考路！ 133名在昆台籍考生奔赴联招考	消息
	吴佳希　缪　岚　赵　璐　陆雨叶　欧阳晓野　范丹薇　徐　沁　潘　琳　王　懿　姚荔青　冯　涛	在这里，一起感悟新时代 "昆山之路"	新媒体创意互动
	苏　剑　陈　栋　姜梦莉　顾　瑛　付文超　张东凉	跟随亭林脚步，重走游学之路	新媒体创意互动
	张孝亮　许　静　杜　江　徐飞熊　庄哲彦	共产党员　永不退休	短视频专题
	作者：金燕博 编辑：朱敬哲	一句质朴话语，让暖流直抵心间	评论
	作者：丁　燕 编辑：金燕博　冯　涛	"业务合作方"变"安全共同体"	消息
	作者：周　舟 编辑：金燕博　陶雯雯	抗疫题材昆剧《峥嵘》： 探寻古老昆曲的"现代表达"	新闻摄影
	作者：徐鹤千 编辑：金燕博　管玉婷	关键零部件到了	新闻摄影

7.江苏省优秀广播电视节目

等次	作者	作品名称	体裁
特别奖	陈佩华 吴佳希 王 超 马康洋	一线调研：信心从何来？	新闻专题
二等奖	史 佳 马康洋	昆山颁出新政后江苏首张台湾居民个体工商户营业执照	消息（对台港澳节目）
	方亦圆 张 骏 缪弓冶 陈志轩	村中城事	长纪录片
三等奖	陈佩华 姚启文 王 超 张孝亮	"外资纷纷加码昆山 持续看好中国" 二十大代表昆山市委书记周伟10月16日亮相"党代表通道"	短消息
	苏 航 昌伟伟 董雯雯 苏 剑	少年的你	原创歌曲

8.江苏省优秀新闻摄影作品

等次	作者	作品名称	体裁
三等奖	顾 洁	昆曲的夏夜之约	新闻摄影
	徐鹤千	关键零部件到了	新闻摄影
	周 舟	抗疫题材昆剧《峥嵘》：探寻古老昆曲的"现代表达"	新闻摄影
	顾 洁 张骏申	盛夏湿地美如画花开景美人自醉	新闻摄影

9.江苏省广播电视优秀栏目

等次	作者	作品名称	体裁
优秀栏目	张婷婷	尚法在线（特别节目）	广播栏目
	施佳高 闵莉华 纪佳郁 蒋子奕	七彩阳光	电视栏目

10.江苏省报业小记者文创作品优秀奖

等次	作者	作品名称	体裁
优秀奖（小记者文创产品）	陈佩华　吴佳希　张孝亮 顾　叶　任　众　唐　昊 钱　月　徐飞熊	昆小融	昆山日报

11.全省践行"四力"深化"走转改"优秀新闻作品

等次	作者	作品名称	体裁
一等奖	左宝昌　陈佩华　吴佳希 张孝亮　徐　卉　王　超 梁睿雯　陈　阳　马康洋 杜　江　杨子圣	潮起东方　寻找百强"共富"密码	融合报道
二等奖	姚启文　王慧鑫　朱　达 李松巍　陈　阳　梁睿雯 经方浩　马康洋　杨子圣 杜　江　徐　沁　徐飞熊	非凡十年	系列报道

12.苏州市优秀广播电视节目奖

等次	作者	作品名称	体裁
一等奖	姚　波　沈　莹　陆　鹏	昆广新闻	节目编排
	陈佩华　姚启文　王　超 张孝亮	"外资纷纷加码昆山　持续看好中国"　二十大代表昆山市委书记周伟10月16日亮相"党代表通道"	短消息
	沈　玲　苟思浩　徐　蕾 朱智红　刘　洋　陈　军 王　超　陈佩华　吴佳希 甄　军　沈亦洋　朱振海 朱怡岚　李海鹏	一线调研：信心从何来？	新闻专题
	徐丽娜　方亦圆　柳　青 朱高洪　杨　阳　张明杰	第一视角	电视新闻

等次	作者	作品名称	体裁
一等奖	方亦圆　张　骏　廖大江 缪弓冶　陈志轩	村中城事	长纪录片
	徐芳得　陈　藻　左卿煊 张明杰　缪弓冶　张宝莹	对话企业家： 1.科森科技：实现从昆山制造到昆山创造的突围；2.进入C919供应体系　小弹九迸发大能量	优秀栏目
	付芊芊	向日葵家族	广播社教节优秀栏目
	许　静　张孝亮　马康洋 李雅文	昆山籍院士钱七虎获颁"八一勋章"	短视频新闻
	苏　航　昌伟伟　董雯雯 苏　剑	少年的你	原创歌曲节目
	徐芳得　丁靓萍　薛富康 陈　藻	琉光璃彩	艺术片
	李靓倩　何一栋　张婷婷	戏曲雅韵——《疫"峥嵘"岁月情牵万里》录音剪辑欣赏	广播文艺戏曲曲艺节目
	施佳高	七彩阳光	电视主持社教类
二等奖	许　静　张孝亮　马康洋 李雅文	钱七虎：深厚乡情诠释新时代"忠孝两全"	新闻专题
	史　佳　马康洋	昆山颁出新政后江苏首张台湾居民个体工商户营业执照	消息 （对台港澳节目）
	陈佩华　张孝亮　史　佳 张　伟	两岸一家亲！昆山"疫"路护航133名台籍考生完成联招考试	消息 （对外电视节目）
	钱高燕　葛　兵　周人杰 许家乐	会唱歌的剪刀	新闻专题
	祝丽霞　施佳高　朱　健 王沁渝	防疫三句半	公益广告
	周　理　朱　俊	公关掌握基本急救知识与技能的必要性	广播社教 （知识性节目）
	张婷婷　李靓倩　何一栋 张孝亮	请记住这播种希望的老人	广播社教 （公众性节目）
	李　密　许家乐	鹿城家话——外婆包揽了我的一切	广播社教 （对象性节目）

等次	作者			作品名称	体裁
二等奖	陈佩华	吴佳希	张孝亮	探秘昆山Vlog： 1.电子信息产业如何"屏"实力走向世界？ 2.百强昆山怎样打造"理想之城"？ 3.美丽乡村如何变身科技"硅谷"？	短视频专题
	徐 卉	梁睿雯	陈 阳		
	王 超				
	李松巍	张孝亮	陆 鹏	中国农民丰收节——庆丰收、蟹满仓	移动直播
	阮 洋	王 晟	刘 航		
	朱 磊	闫媛依			
	吴佳希	缪 岚	陆雨叶	在这里，一起感悟新时代 "昆山之路"	新媒体创意互动
	赵 璐	潘 琳	徐 沁		
	范丹薇	欧阳晓野			
	陈佩华	吴佳希	张孝亮	"昆小融"帮帮团	新媒体品牌栏目
	顾 叶	任 众	唐 昊		
	钱 月	徐飞熊			
	陈 栋	姜梦莉	顾 瑛	跟随亭林脚步，重走游学之路	融合创新
	苏 剑	张东凉	付文超		
	苏 剑	董雯雯	何一栋	昆山市第三届青少年文化艺术节 获奖节目汇演	综艺节目（文艺）
	张 凯	庄 梦	张静毅		
	徐芳得	丁靓萍	陈 藻	指尖上的舞者	专题节目（文艺）
	薛富康	朱高洪	杨 阳		
	沈昊亮			《昊亮趣说》秦汉，打打闹闹不消停	广播文艺文学节目
	李鹏飞			大将军霍光	长篇连播
	左宝昌	金燕博		尊重规律：融媒体中心发展的重要遵循——以昆山市融媒体中心改革发展实践为例	论文 （决策管理研究）
三等奖	陈佩华	张孝亮	许 静	神舟十五号成功发射 家乡人民见证17年后俊龙再飞天	短消息
	顾 叶				
	陈佩华	张孝亮	史 赛	外资加码昆山 折射中国经济韧性	长消息
	张婷婷	李靓倩	张孝亮	希望之火，声生不息——纪念周火生	专题
	何一栋				
	陈佩华	张孝亮	徐 卉	台青走花"鹿"系列： 1."登陆"逐梦 青春绽放（廖劭桓） 2.扎根昆山播种 梦想（郭典易） 3.在昆山感受家乡味道（蔡汉信）	连续（系列）报道
	张 斌	许 静	甘小凡		

等次	作者	作品名称	体裁
三等奖	陈佩华　张孝亮　顾　叶　姚启文	让幸福宜居"一键直达"昆山增梯有妙招	评论
	徐丽娜　矫佳璇　朱高洪　陆辰浩　张宝莹　张明杰	对话先锋——巾帼力量	现场直播
	陈佩华　张　斌　姚启文　马康洋	抢救濒临失传剧种　展现百戏之师担当	长消息
	陈佩华　张孝亮　王　超　徐　卉　张淏铭　李宪刚	而立再出发　迈向新超越　昆山开发区国批30周年　1.产城融合崛起一座现代化新城；　2.在创新集群上闯出新蓝海；　3.以人民为中心铸就和谐宜居的幸福底色	连续（系列）报道
	史　佳　张　伟	大陆首笔台资企业数字人民币贷款成功落地昆山	消息（对外广播节目）
	陈晓白　祝丽霞　戴凤云　纪佳郁　施佳高　朱　健	系列片：1.陶母退鱼；2.顾炎武说"礼义廉耻"；3.昆曲廉韵唱清风	系列片
	徐丽娜　邹明阳　矫佳璇　朱高洪	对话先锋——第一书记：同心为民，实干兴村	特别节目
	施佳高　纪佳郁　闵莉华　蒋子奕	七彩阳光	少儿节目
	钱丽娜	"乡村振兴有我"——金华村和武神潭村	广播社教（公众性节目）
	陈佩华　程　洲　张孝亮　殷莉莉	硬核！昆山一家四口组成核酸检测"全链条"	短视频专题
	陈佩华　吴佳希　张孝亮　许静顾	俊龙飞天再出征　家乡人民盼凯旋	短视频新闻
	梁睿雯　汪　鹏	留住你的第一步，温暖你的每一步	短视频评论
	陈晓白　祝丽霞　戴凤云　施佳高　王沁渝　朱　健　闵莉华　高振杰	2022昆山市少儿春节联欢晚会	歌舞节目
	陈晓狄　葛　兵　周人杰　管　芸	致耀眼的你！	文学节目
	沈丽琴	鹿城音苑——丝弦声声，吴语婉转，锦溪宣卷专辑	广播文艺音乐节目
	金燕博	县级融媒体中心内容生产现状及优化路径	论文（新媒体研究）

等次	作者	作品名称	体裁
三等奖	陈 阳	熊雕塑"躺枪"，竟与大诗人孟郊有关？	广播主持社教类
	阮 洋	昆视新闻	电视播音新闻类
	王 晟	喜迎二十大　非凡十年　走进淀山湖镇	电视播音社教类
	陈 藻	万洲焊接：大国重器"捍卫者"	电视主持社教类

13.苏州市"走转改"优秀新闻作品

等次	作者	作品名称	体裁
二等奖	姚启文　王慧鑫　朱达 李松巍　陈阳　梁睿雯 经方浩　马康洋　杨子圣 杜江　徐沁　徐飞熊	"非凡十年"栏目 昆山开发区篇： 挑重担做示范打造现代化一流开发园区 昆山高新区篇： 勇挑大梁　担当作为　奋力挺进国家级 高新区30强 周市镇篇： 踔厉奋发　笃行不怠　建好产城融合 "活力市"	系列报道
三等奖	策划：吴俊　陆娟 采写：段晓芳　许晓明 　　　张欢 编辑：孙亚美　金燕博 　　　陶雯雯　管玉婷	系列报道 抓落实看成效　政府工作报告邀您来点评 穿针引线"织路网"　绣出交通"锦绣图" 昆山之链　恋上昆山 向地下扎根　向未来生长	系列报道

14.苏州市"我是冬训主讲人"项目优秀视频

等次	作者	作品名称	体裁
第一等次	左卿煊	全面推进乡村振兴 促进全民共同富裕	电视视频

技术质量和创新

2019年度

1.江苏省广播电视节目录制技术质量奖（广播）

等次	作者	作品名称	体裁
二等奖	周东屹　严　翔　陈　威	恋一个春天	片花
三等奖	包研平　穆威龙　徐丹浩	昆剧《顾炎武》	广播节目

2.江苏省广播电视节目录制技术质量奖（电视）

等次	作者	作品名称	体裁
三等奖	刘　航　周　筠　凌国桢	百戏盛典	片头

3.苏州市广播电视节目录制技术质量奖（广播）

等次	作者	作品名称	体裁
一等奖	包研平　穆威龙　徐丹浩	昆剧《顾炎武》	广播节目
	周东屹　严　翔　陈　威	恋一个春天	片花
二等奖	包研平　周东屹　李　刚	庆典序曲	音乐
三等奖	穆威龙　尤天明　朱明波	行风政风热线	广播节目
	包研平　周东屹　李　刚	玛依拉变奏曲	音乐

4.2019年度苏州广播电视节目录制技术质量奖（电视）

等次	作者	作品名称	体裁
一等奖	刘航 周筠 凌国桢	百戏盛典	片头
二等奖	周筠 刘航 凌国桢 赵杰	昆视新闻	电视新闻
三等奖	赵杰 顾文涛 刘航 周筠	原创昆剧《顾炎武》记事（下）	电视节目

2020年度

1.江苏省广播电视节目录制技术质量奖（广播）

等次	作者	作品名称	体裁
三等奖	包研平 严翔 徐丹浩	大地	广播广告

2.江苏省广播电视节目录制技术质量奖（电视）

等次	作者	作品名称	体裁
二等奖	刘航 高杰 朱磊 凌国桢	昆视新闻	电视新闻
二等奖	赵杰 杨道文 顾文涛	文化昆山——上塘街的春天	电视节目
三等奖	周筠 高杰 朱磊 刘航 凌国桢 赵杰	昆山市庆祝中华人民共和国成立70周年大型歌咏会	电视节目

3.江苏省广播电视技术创新奖

等次	作者	作品名称	体裁
三等奖	刘　航　周　筠　凌国桢	县级融媒体环境下虚拟演播室项目多功能应用和演播室AR技术使用	技术系统

4.苏州市广播电视节目录制技术质量奖（广播）

等次	作者	作品名称	体裁
一等奖	穆威龙　徐丹浩　陈　威	红旗飘扬	音乐
二等奖	包研平　严　翔　徐丹浩	大地	广播广告
三等奖	穆威龙　严　翔　朱明波	欢乐早班车	电视节目

5.苏州市广播电视节目录制技术质量奖（电视）

等次	作者	作品名称	体裁
一等奖	刘　航　高　杰　朱　磊　凌国桢	昆视新闻	电视新闻
	赵　杰　杨道文　顾文涛	文化昆山——上塘街的春天	电视节目
二等奖	周　筠　高　杰　朱　磊　刘　航　凌国桢　赵　杰	昆山市庆祝中华人民共和国成立70周年大型歌咏会	电视节目
	刘　航　高　杰　朱　磊　周沁园	抗击疫情宣传片	片头
三等奖	杨道文　赵　杰　顾文涛	网罗鹿城事	电视新闻

6.苏州市广播电视技术创新奖

等次	作者	作品名称	体裁
一等奖	刘　航　周　筠　凌国桢	县级融媒体环境下虚拟演播室项目多功能应用和演播室AR技术使用	技术系统

2021年度

1.江苏省广播电视节目录制技术质量奖（广播）

等次	作者	作品名称	体裁
二等奖	穆威龙　徐丹浩　陈威	送你一朵小红花	广播节目
三等奖	穆威龙　朱明波　徐丹浩	昆山台台宣	片头
	穆威龙　严翔　朱明波	《印象国乐》组曲第三乐章《大曲》	音乐
	穆威龙　徐丹浩　严翔	军礼	音乐
	穆威龙　陈威　严翔	爱上晚高峰	广播节目

2.江苏省广播电视节目录制技术质量奖（电视）

等次	作者	作品名称	体裁
三等奖	刘航　高杰　凌国桢　李昂	昆视新闻	电视新闻
	赵杰　顾文涛　杨道文　曹志钢	遇见计家墩	电视节目
	周筠　朱磊　张慰强　金山	李树建救孤	电视专题
	李昂　刘航　朱磊　高杰　凌国桢　周筠　张慰强	2020年昆山戏曲百戏盛典闭幕式	电视节目
	刘航　李昂　朱磊	逐梦昆山	电视节目
	刘航　周筠　高杰	百戏盛典	电视节目

3.苏州市广播电视节目录制技术质量奖（广播）

等次	作者	作品名称	体裁
一等奖	穆威龙　徐丹浩　陈威	送你一朵小红花	广播节目
	穆威龙　朱明波　徐丹浩	昆山台台宣	片头
二等奖	穆威龙　严翔　朱明波	《印象国乐》组曲第三乐章《大曲》	音乐
	穆威龙　朱明波　徐丹浩	军礼	音乐
	穆威龙　陈威　严翔	爱上晚高峰	广播节目

4.苏州市广播电视节目录制技术质量奖（电视）

等次	作者	作品名称	体裁
一等奖	刘航　高杰　凌国桢　李昂	昆视新闻	电视新闻
	刘航　周筠　高杰	百戏盛典	电视节目
	刘航　李昂　朱磊	逐梦昆山	电视节目
二等奖	周筠　朱磊　张慰强　金山	李树建救孤	电视节目
	李昂　刘航　朱磊　高杰　凌国桢　周筠　张慰强　金山	2020年昆山戏曲百戏盛典闭幕式	电视节目
三等奖	赵杰　顾文涛　杨道文　曹志钢	遇见计家墩	电视节目
	杨道文　顾文涛　赵杰　倪烨华	网罗鹿城事	电视新闻

5.苏州市广播电视科技创新奖

等次	作者	作品名称	体裁
二等奖	顾文涛　赵杰　顾驰宇	荔枝云平台对接项目	技术系统
三等奖	严歆虹　李刚	无人机在广播电视发射塔巡检工作中的应用	技术应用

2022年度

1.江苏省广播电视节目录制技术质量奖（广播）

等次	作者	作品名称	体裁
二等奖	穆威龙　徐丹浩　严翔	周火生	广播节目
	穆威龙　严翔　陈威	星光下的朗读者	广播节目
三等奖	穆威龙　陈威　朱明波	玩咖车生活	广播节目
	穆威龙　陈威　朱明波	让城市安静下来	广播节目

2.江苏省广播电视节目录制技术质量奖（电视）

等次	作者	作品名称	体裁
二等奖	李昂　周筠　刘航	《文化昆山》片头	电视节目
三等奖	周筠　刘航　李昂　高杰	昆视新闻	新闻节目
	赵杰　顾文涛　曹志钢　杨道文	《第一视角》抗疫专题	电视专题
	景晋　刘航　李昂　朱磊	文化昆山——桨声乡情	电视节目
	周筠　刘航　李昂　高杰　凌国桢　朱磊　景晋　张慰强	昆山市庆祝中国共产党成立100周年文艺汇演	电视节目
	李昂　刘航　周筠　高杰　朱磊　凌国桢　张慰强　景晋	2022昆山市少儿春节联欢晚会	电视节目
	杨道文　顾文涛　倪烨华　赵杰	《对话企业家》片头	电视节目
	刘航　李昂　高杰	食安坊间　寻味昆城	短片

3.苏州市广播电视节目质量奖（广播）

等次	作者	作品名称	体裁
一等奖	穆威龙　徐丹浩　严翔	周火生	广播节目
	穆威龙　徐丹浩　严翔	传承中国红	广播节目
二等奖	穆威龙　陈威　朱明波	玩咖车生活	广播节目
	穆威龙　陈威　朱明波	让城市安静下来	广播节目
	穆威龙　严翔　陈威	星光下的朗读者	广播节目

4.苏州市广播电视节目录制技术质量奖（电视）

等次	作者	作品名称	体裁
一等奖	周筠　刘航　李昂 高杰　凌国桢　朱磊 景晋　张慰强	昆山市庆祝中国共产党成立100周年文艺汇演	电视节目
二等奖	周筠　刘航　李昂 高杰	昆视新闻	电视新闻
	景晋　刘航　李昂 朱磊	文化昆山——桨声乡情	电视节目
	杨道文　顾文涛　倪烨华 赵杰	《对话企业家》片头	电视节目
	刘航　李昂　高杰	食安坊间寻味昆城	短片
三等奖	赵杰　顾文涛　曹志钢 杨道文	《第一视角》抗疫专题	电视专题
	李昂　刘航　周筠 高杰　朱磊　凌国桢 张慰强　景晋	2022昆山市少儿春节联欢晚会	电视节目
	李昂　周筠　刘航	《文化昆山》片头	电视节目

5.苏州市广播电视技术创新奖

等次	作者	作品名称	体裁
一等奖	倪烨华　曹志钢　顾文涛　顾驰宇	探索融媒时代下报纸采编与现有技术平台的融合模式	技术系统
二等奖	杨道文　曹志钢　赵　杰　顾文涛	全场景多功能智慧显控系统在全媒体指挥中心的应用	技术系统

2023年度

1.王选新闻科学技术奖

等次	作者	作品名称	体裁
三等奖	夏　霖　左宝昌　沈　伟　顾文涛　曹志钢　赵　杰　倪烨华　崔　阳　庞　超	昆山智慧媒体数据中台	技术系统

2.江苏省广播电视节目录制技术质量奖（广播）

等次	作者	作品名称	体裁
二等奖	穆威龙　施家蔚　朱晨曦	盛唐夜歌（改编）	广播节目
	穆威龙　宋誉宇　孙嘉伟	蜜主播的时光漫步	广播节目
三等奖	穆威龙　花理荣　胡子洋	星光下的朗读者	广播节目
	穆威龙　赵　衡　尤天明	你好2023	广播节目

3.江苏省广播电视节目录制技术质量奖（电视）

等次	作者	作品名称	体裁
二等奖	李 昂 刘 航 周 筠 高 杰	昆山2023宣传短片	短片
	赵 杰 顾文涛 倪烨华 曹志钢	央视昆山24小时慢生活	电视节目
三等奖	周 筠 景 晋 凌国桢 刘 航	昆视新闻（2023）	电视新闻
	赵 杰 顾文涛 曹志钢 杨道文	文化昆山——琉璃与苏绣	电视节目
	李 昂 刘 航 左卿煊 朱 磊	鹿鸣万家（第一期）	电视节目
	景 晋 刘 航 李 昂 高 杰 凌国桢 朱 磊 张慰强	戏曲《瞿秋白》	电视节目

4.苏州市广播电视节目录制技术质量奖（广播）

等次	作者	作品名称	体裁
一等奖	穆威龙 花理荣 胡子洋	星光下的朗读者	广播节目
	穆威龙 施家蔚 朱晨曦	盛唐夜歌（改编）	广播节目
	穆威龙 宋誉宇 孙嘉伟	蜜主播的时光漫步	广播节目
	穆威龙 徐丹浩 严 翔	传承中国红	广播节目
三等奖	穆威龙 赵 衡 尤天明	你好2023	广播节目

5.苏州市广播电视节目录制技术质量奖（电视）

等次	作者	作品名称	体裁
一等奖	周　筠　景　晋　凌国桢　刘　航	昆视新闻（20230203）	电视新闻
	周　筠　景　晋　李　昂　高　杰	昆视新闻（20221105）	电视新闻
	赵　杰　顾文涛　倪烨华　曹志钢	央视昆山24小时慢生活	电视节目
	景　晋　周　筠　高　杰　朱　磊　凌国桢　张慰强	昆山市第四届青少年文化艺术节获奖节目汇演	电视节目
二等奖	李　昂　刘　航　周　筠　高　杰	昆山2023宣传短片	短片
	景　晋　刘　航　李　昂　高　杰　凌国桢　朱　磊　张慰强	昆山百戏盛典开幕式《瞿秋白》	电视节目
	李　昂　刘　航　左卿煊　朱　磊	鹿鸣万家（第一期）	电视节目
三等奖	赵　杰　顾文涛　曹志钢　杨道文	文化昆山——琉璃与苏绣	电视节目

6.江苏省广播电视科技创新进步奖

等次	作者	作品名称	体裁
三等奖	沈　伟　顾文涛　赵　杰　曹志刚　倪烨华	荔枝云融合新闻昆山本地化云边协同生产的应用实践	技术系统
	沈　伟　顾文涛　曹志刚　赵　杰　倪烨华	智慧媒体数据中台在县级融媒体中心的应用实践	技术系统

第五篇章

各界聚焦

聚光灯下，看得见精彩，更看得见努力的方向。

5

用融媒体中心为城市聚力赋能凝心铸魂

中共中央宣传部《宣传工作》2022年9月9日

昆山市委书记　周　伟

　　建设县级融媒体中心，是以习近平同志为核心的党中央在互联网时代巩固夯实、创新重塑基层宣传舆论阵地的战略举措，事关宣传思想工作大局，事关基层社会治理效能，事关人民群众切身利益。作为县委书记，我也是昆山市融媒体中心建设领导小组组长，始终把县级融媒体中心建设作为一项系统工程、创新工程、民心工程，纳入全市经济社会发展总体布局，既建强中心，又用好中心，着力提升新闻舆论传播力、影响力和对基层群众的引导力、感召力，努力走出一条具有时代气息、昆山特色的融媒体中心建设路径。工作中感到：

　　县级融媒体中心建设是一项系统工程，必须聚焦制度化整合县域宣传资源、打造新型主流舆论阵地这个目标统筹发力。我们深刻认识到，县级融媒发展不仅是新闻单位的事、宣传部门的事，更是一级党委的事、党委书记的事。这就需要树立全域思维、系统观念，"一把手"和领导班子有"一张蓝图绘到底"的长远谋划，有"立足全局抓重点"的统筹安排，及时研究重大问题，确保改革措施顺利实施到位。以我为组长的中心建设领导小组下设政策对接、人才保障、项目建设、资金保障4个专项办公室，从建好中心到用好中心，形成"主要领导牵头抓总、分管领导分工负责、相关部门单位协同推进"的工作格局，统筹推进融媒体中心和新时代文明实践中心建设，让中心发展有了强大动能。今年上半年，面对疫情大考，昆山以极强抗压能力交出满意答卷，这既得益于昆山经济发展的强大韧性，也与建强用好融媒体中心、有效引导舆论密不可分。我们把中心列为疫情防控指挥部重要成员单位，配备充足人员力量，用足全媒体宣传平台，第一时间上线"昆山抗疫24小时实时动态播报"一站式平台，实时发布最新通告、辟谣、热点问答等动态信息，打通防疫宣传"最后一公里"。中心还发挥资源优势，与网络大V联动，推出一大批贴近群众的短视频、海报、H5等全媒产品，解读抗疫政策、普及防疫知识、疏导社会情绪，持续营造团结一心、众志成城的舆论氛围。

　　县级融媒体中心建设是一项创新工程，必须在大力改革体制机制、切实提升传播效能这个关键上彰显作为。互联网发展给城乡基层带来的变化是广泛、剧烈而又深刻的，在这样的背景下建设县级融媒体中心，除了主动识变应变、大胆求新创新，别无他途。为此，我们将原昆山日报社、广播电视台整合重组为昆山市融媒体中心（传媒集团），实行统一办公、统一管理、统一运营。着眼"融为一体、合而为一"的目标，着力在政策上、制度上破题，从机构、人事、财政、薪酬等方面构建完善"企业化管理、市场化激励"运行体系，实施人才引进、财政扶持、动态评估等"融十条"举措，打破身份、编制等界限壁垒，确定"以岗定薪、量化考核、多劳多得"改革思路，建立"成就、机会、报酬"三位一体的激励机制，实现从"身份管理"向"岗位管理"转变。2019年至今，市财政累计投入3亿多元。2021年，中心营收达9600万元，盈利2400万元，呈现出积极向好的发展势头。在推进体制机制创新的同时，注重用先进传播技术为采编播发全流程赋能，用"移动优先"重塑全媒体矩阵，最大限度释放新闻生产力。现在，经过宣传报道的流程再造，"统一策划、一次采集、多种生成、全媒传播"已经成为常态，重大活动结束后15分钟内推送新闻，80%以上的新闻稿件2小时内推送，有效满足了群众的新闻信息需求，有力服务了县域经济社会发展。

　　县级融媒体中心建设是一项民心工程，必须在解决群众急难愁盼、助力基层社会治理这个重点上展现担当。全心全意为人民服务是我们党的初心和宗旨，也是我们建设县级融媒体中心的初衷。我们通过融媒体中心，把基层百姓想要的与党委政府要做的对接起来，把服务延伸到基层、问题解决在基层，用服务群众的实际成效让基层基础实起来。积极推动融媒体中心融入全市"智能化改造、数字化转型"工作大局，支持中心参与电子政务、智慧城市、智慧社区等数字领域项目建设和运营。"第一昆山"客户端目前链接有政务服务、生活服务、社会治理三大类180多项服务功能，可以为群众提供掌上教育、交通出行、医疗健康等涵盖生活方方面面的服务，成为24小时不打烊的移动服务平台。很多市民在这个平台上，完成预约互联网医院、远程看病、线上配药全程诊疗。疫情期间，许多百姓的"买药难"问题，就是通过在客户端、微信公众号上留言，经过媒体、部门、社会的"爱心接力"得到顺利解决的。我们还把《政风行风热线》等问政类、互动类栏目从"大屏"搬到"小屏"，以更加便捷的方式发挥信息公开、民意收集、公共议事等功能，更有效地传播了党的声音、反映了群众诉求、促进了基层治理，使党委政府的凝聚力向心力实现了提升。

　　工作中愈发感到，县级融媒体中心建设是连着千家万户日常冷暖的"民心工程"，也是真正给百姓带来实惠、让百姓认同点赞的"掌声工程"，对巩固基层宣传阵地、提升基层社会治理，作用重要、意义重大。下一步，我们将切实提高政治站位、把握职责定位，坚定目标导向和问题导向相统一，加快推进媒体融合向纵深发展，全力打造特色鲜明的主流舆论阵地、综合服务平台、区域信息枢纽，奋力推动融媒体中心高质量发展，更好引导群众、服务群众。

融出一片广阔的新天地
——昆山市融媒体中心改革试点的创新实践

《苏州改革》2021年1月22日
苏州市委改革办

习近平总书记高度重视县级融媒体建设，强调"要扎实抓好县级融媒体中心建设，更好引导群众，服务群众"。2019年8月，作为中宣部重点联系推动、江苏省首批建设试点的县级融媒体中心，昆山市融媒体中心挂牌成立。经过一年多的试点先行、创新探索，去年11月，中心获评"全国市县媒体融合先导单位"；12月，又被评为"2020年全国广播电视媒体融合先导单位"，成为全国10个获奖单位中唯一的县级融媒体中心，一时引发行业广泛瞩目。究其原因，我们在调研中发现，是昆山融媒体人积极顺应新时代传媒技术深刻变革趋势，努力践行"昆山之路"的时代精神，紧扣"融"字做深做好改革文章，自主试、大胆改，以媒体融合改革的创新举措、突出成效，为新时代昆山高质量发展加油助力。

"融"活体制机制：敢于打破条条框框，通过改革创新变简单相加为深度相融，从"你是你，我是我"蜕变为"你就是我、我就是你"，全力打造适应新时代要求和推进昆山高质量发展的新型主流媒体。

1. 抓好新旧过渡，融入媒体中心。昆山市融媒体中心由原昆山日报社、昆山市广播电台组建而成，面临着人员整合、观念转变、机制调整、利益重构等难题。为此，抓住4个重点环节持续发力。一是建机构。整合两个被撤并单位的业务、资产和人员，新成立全媒体指挥中心、技术中心、行政中心、公共服务中心、产业发展中心等5大中心，下设总编办等26个部门，组建文化传播、影视发展、才艺培训、资产管理、商贸服务等5个子公司，构建起"事业单位、企业化管理、市场化待遇"的运营模式。二是建机制。人事薪酬制度企业化，"同岗同责、同工同酬、岗变薪变、动态管理"，打破身份编制限制。绩效考核机制科学化，推行目标责任制、计件工分制、业务提成制、工作目标计划跟踪（KPB）等模式，薪酬向一线员工、重点岗位、核心骨干、创新团队及项目等倾斜。同步实施人才选拔双轨晋升制，对绩效考核、竞争性选拔表现突出的，纳入中层岗位；对业务能力突出的，给予"首席""资深"岗位待遇。三是建平台。重构"策采编审发"流程，四个流程推动"报、台、网、端、微、屏"差异化传播。统一策划：全媒体指挥中心牵头召开策划会、编前会、选题征集会。一次采集：全媒体采访一部、二部、三部及全媒影像部等向全媒记者转型。多次生成：广电、报纸、新媒体等编辑部完成内容分类再造。多元发布：报纸、广播、电视、新媒体、客户端、网站、电子屏等平台同步覆盖传播。四是建文化。人才激励做"加法"，实施"年轻储备干部培育计划""优秀骨干人才培养计划""青蓝对接精准提升计划"。思想顾虑上做"减法"，实施"品牌文化""队伍提升""员工幸福"三大工程，减少本领恐慌，提升幸福指数，减少负面情绪。目标引领上做"乘法"，明确用3到5年时间，打造全国县级融媒体中心建设的示范标杆。壁垒打破上做"除法"，举办融媒大讲坛、开展团建拓展活动，理念、行为渐趋一致，让"两家人"变"一家人"。

2.聚焦主责主业，融入昆山发展。把握正确舆论导向，进一步强化融媒体思维，精心策划宣传报道，服务地方经济社会发展。一是当好党的理论政策的传播者。讲述好"昆山故事"，传播好"昆山声音"。按照APP要"快"、微信要"精"、广播电视做"活"、报纸做"深"、视频号创"优"、抖音追"新"，移动直播贯穿一体的功能定位，让党的声音传得更开、传得更广、传得更深入。二是当好经济社会发展的助推者。紧扣全面建成小康社会和"十三五"规划收官、全国两会、市委全会、疫情防控等重大主题，持续报道昆山市夺取"双胜利"情况，宣传国内外疫情防控形势和下一步常态化防控举措。三是当好意识形态的守护者。正确、有力、及时发声。利用"昆山发布"微信、"第一昆山"微信、《昆山日报》、电视广播、网易直播、"第一昆山"抖音等多平台媒体矩阵，广泛宣传疫情防控举措、健康科普知识，大力宣传市委市政府精准帮助企业有序复工复产的支持政策，生动讲述防控一线"先锋时代新人"的感人事迹，挖掘报道"凡人善举"的大爱无疆。

3.拓展"媒体+"功能，融入服务民生。探索"媒体+政务""媒体+服务"运行模式，从新闻宣传向公共服务领域拓展。一是完善客户端覆盖。2020年8月12日，正式上线昆山首个"新闻+政务+服务"客户端——"第一昆山"。定位"引导群众、服务群众"，强化"用户思维、客户体验"，第一昆山APP客户端设有政务服务、生活服务、社会治理三大服务专区，实现"网上办事、掌上生活"，打造24小时不打烊"数字政务"平台。二是全面提升服务功能。整合政务服务、公共服务、便民服务、资讯服务、社区服务等功能，实现"一个终端采集，一个平台管理、一个数据共享"，昆山百姓可一端在手，知昆山事、办昆山事，享一站式生活服务，打通了新闻宣传和服务群众"最后一公里"。三是推出品牌民生栏目。第一昆山APP设置12345板块，广播上开设《我要吐槽》栏目，报纸上开设《读者来信》《民生110》栏目，电视上推出《"昆小融"帮帮团》等栏目，聚焦民生热点，关心群众生活，回应市民诉求，为百姓办实事、解难事。

4. 坚持政治引领，融入党的建设。坚持党媒姓党，将党员干部队伍作为最强核心竞争力，凝心聚力、强根铸魂，打造一支政治坚定、业务精湛、作风优良、让党和人民放心的新时代融媒队伍。一方面，围绕业务抓党建。开展"支部擂台党员大比武"、组织参观红色旅游、实施融媒体大讲堂、召开重点部门座谈会及年轻骨干座谈会，激发党员干部创新思维，营造比学赶超氛围，提升攻坚克难能力。探索使用微信、微博平台等新媒体技术，开展形式多样的党组织活动，讲好新时代新故事，巩固提升思想教育成果。另一方面，抓好党建促业务。以提升组织力为重点，推进党建工作与业务履职深度融合，即对照业务目标明确党建内容、围绕业务工作落实党建保障、突出业务难点强化党建重点。两个单位合署办公后，立即组建成立8个党支部，打破原报社和广电的部门设置，率先融合党员队伍。同时，成立了多个行动支部，在重大新闻采访活动、抗击疫情志愿者行动等工作中，较好地发挥了党支部的战斗堡垒作用和党员的先锋模范作用。

"融"出显著成效：善于跳出媒体看媒体，充分发挥主流舆论阵地、综合服务平台和社区信息枢纽等功能，在昆山高质量发展的舆论引导中真正发挥出主导性、关键性作用。

一是融出了凝聚力、亲和力。在系统化改革举措的驱动下，全体员工的精气神发生了根本性变化。自信心变得更强。以前采编一线的记者出去采访，因为要考虑经营创收，加上传统媒体影响力日渐式微，经常畏手畏脚、自信心不足，而现在都为是一个融媒人而感到骄傲和自豪。愿意加入的人更多。融媒体中心成立前的2017年、2018年各离职13人、18人，成立时的2019年离职11人，2020年仅离职1人。2020年引进各类人才20多人，其中不乏副省级以上媒体的骨干人才。想要做事的劲头更足。融媒体中心有个女编导已经45岁，原本比较"佛系"，在2020年举行的琼花工作室负责人竞聘中，她自告奋勇和"90后"们同台竞技。她深有感触地说，正是受融合改革激发感染，才再次有了站到前台的冲劲。目前，融媒体中心已然成为每个员工的奋斗之家、成长之家、快乐之家。

二是融出了生产力、传播力。聚焦主业、内容为王、当好喉舌，通过用心做好每项宣传、编好每条微信、出好每份报纸、办好每档栏目，新闻传播力得到显著提升。对外宣传成绩卓著。2020年以来，在人民日报、央视中新社等中央级媒体平台发稿89篇次，其中《新闻联播》实现"九连发"、"学习强国"学习平台325篇、省级媒体平台419篇次、苏州媒体平台869篇次，在同类媒体中名列前茅。2020年7月6日，《新闻联播》"走向我们的小康生活"专栏中，播出了《昆山：智慧农业平台助推农民增收》，用近4分钟时长详细报道了昆山帮助农民增收创收的成功经验。对内宣传有声有色。在重要会议（活动）、重大主题的宣传上，在重大突发事件、热点问题的正面回应上，各平台统一发声、互相支持、多媒相融，重大时政宣传浓墨重彩，新媒体宣传亮点纷呈。去年疫情期间，"昆山发布"和"第一昆山"微信平台推送1000余条，总阅读量超过千万人次。其中，"昆山发布"共有30多条"10万+"阅读量的作品，其中单条阅读量最高近80万、单日总阅读量最高超110万，在苏州县级市（区）微信排行榜（政务类）上连续多周位居首位。

三是融出了战斗力、竞争力。从领导班子成员到普通员工，每个人都在转型变化，比激情、比创意、比精品、比贡献，赶、学、转、帮蔚然成风。干事创业激情燃烧。在新冠疫情面前，融媒体中心的新闻工作者闻令而动、向疫而行。不少人连续加班多日，却放弃休息、主动请战，他们进医院、入社区、驻卡口，用细腻的笔触、生动的画面记录了昆山的抗疫故事，为昆山夺取疫情防控和经济社会发展"双胜利"营造了良好舆论氛围。除了保障新闻宣传主责主业，先后40多名志愿者到定点的陆家镇邵村社区，成立战役行动支部，多名党员成为社区战疫一线的主力军，在同心抗疫、共克时艰中拧成一股绳，增强了队伍的凝聚力、归属感。精品力作层出不穷。2020年在各级各类好新闻评比中共斩获省级以上奖项19个，其中江苏省报纸优秀作品（全省好新闻）二等奖2个、三等奖3个，中视协一等奖3个，江苏省广播电视二等奖3个和三等奖4个。在江苏省新闻媒体践行"四力"、深入"走转改"优秀新闻作品评选中，是唯一获得广电类一等奖的县级融媒体中心。

四是融出了影响力、公信力。始终在党委政府和市民群众两个满意中检验"融"的成效，主责主业得到市委市政府的充分肯定，民心服务获得市民群众的高度认可，总体成效得到了社会各界和上级媒体的广泛关注。2019年12月14日，新华网推出深度报道《融媒"昆山号"破冰远航》，指出媒体融合成效已初步显现。2020年9月30日，新华社《高管信息》刊发《昆山融媒体中心建设：创新突破，各展所长》，高度关注融媒体中心改革成效。2020年年底，又连续获评全国市县媒体融合先导单位、全国广播电视媒体融合先导单位。

"融"赢美好未来：立足"十四五"时期发展，继续做好"融"字文章，力争打响"县级融媒体建设看昆山"品牌，助力昆山打造社会主义现代化标杆城市。

一是深度融合，出好人才。聚合人心、建强队伍，抓好"三步走"。第一步，突出党建引领核心抓手作用，建强基层党支部，发挥行动支部作用，强化打造品牌活动，激发团队凝聚力、创造力、战斗力。第二步，加快推进人事制度、薪酬体系、绩效考核等综合性改革，努力打破体制机制的束缚，打造"一专多能"全媒体人才队伍。第三步，积极营造优秀企业文化，最大程度凝聚人才、使用人才，打造一支政治坚定、引领时代、业务精湛、作风优良、党和人民信赖的新闻工作者队伍。

二是精度融合，出好精品。用党性保障"公信力"，用渠道提升"传播力"，用品质创造"影响力"，用正能量构建"引导力"。扩大优质内容产能供给。始终用主流价值引领舆论，多推出适合移动传播、社交传播的新闻产品。积极创新内容表现形式，综合运用全媒体方式、大众化语言、艺术化形式，用情用心制作更多群众喜爱、刷屏热传的作品。优化内容生产传播流程。推进各项业务流程优化、精准对接，形成报、台、网、端、微协同联动，构建集约高效的内容生产体系和全媒体传播链条，提高新闻宣传的精准性和舆论引导的时度性，使正能量更强劲、主旋律更高昂。

三是广度融合，服务民生。充分了解老百姓需要什么，想要什么，把"重要的"做成"需要的"，把"有意义"做得"有意思"，热情而周到，增强群众对主流媒体的黏性。提升综合服务功能。将"第一昆山"客户端整合政务服务、党员服务、公共服务、资讯服务、生活服务、社区服务等功能于一体，打造智慧社区平台，实现"一个终端采集，一个平台管理、一个数据共享"，让市民群众真正用起来、离不开。强化数字技术运用。以"一体化、一盘棋、一张网"的思路推进大数据工作，用科技手段抢占媒体未来发展新机遇，充分运用互联网、大数据、人工智能等手段，提升市民群众对于融媒体产品的使用率。

四是高度融合，服务发展。按照打造主流舆论阵地、综合服务平台、社区信息枢纽的功能定位，讲好昆山故事，促进高质量发展走在前列。力争用1至2年时间，在新型传播平台、全媒体人才队伍建设上取得明显进展，主流舆论引导能力、内容生产传播能力、信息服务聚合能力、先进技术引领能力、创新创造活力大幅提升。用2至3年时间，重点领域和关键环节改革取得实质性突破，建成与昆山经济社会发展水平相匹配，管理先进、优势突出、充满活力、竞争力强的现代化新型传媒集团，成为全国县级融媒体中心建设的标杆。

昆山融媒：在变革创新中追求"化学质变"

新华网2021年12月30日

新华社记者　孙星星

作为中宣部重点联系推动、全国首批建设试点的县级融媒体中心，昆山市融媒体中心试点建设吸引了各方关注。这是一场没有参考"方程式"的全新"实验"。三年时光，从配置资源、催化融合，到深度"反应"，昆山融媒改革"化学质变"全面显现。

以机制创新"配伍"要素资源

今年11月5日—10日，第四届中国国际进口博览会在上海举行。盛会期间，来自昆山市融媒体中心的年轻报道团队与各媒体同行同场相竞，以专业的表现赢得肯定和赞许，展现出毫不逊色的风采。

这是一支年轻却善打硬仗的团队，从2019年8月组建至今，历经三载磨合、历练，开始从"物理融合"迈向"化学质变"，战斗力全面提升。

建设县级融媒体中心，对于提升地区新闻舆论传播力、引导力，强化基层治理，夯实县级执政基础有着重要的意义。作为中宣部重点联系推动、全国首批建设试点的县级融媒体中心，昆山市融媒体中心建设的重要性和样本意义不言而喻；但另一方面，因为没有成功经验参照和案例援引，这项试点从一开始就面临着诸多困难和挑战。

县级融媒体中心建设是一项系统工程，不是简单的"加减法"和排列组合，它涉及岗位分工、平台搭建、内容创新、薪酬改革等一系列重要课题和变革。

破而后立，向难而行，这是昆山这座城市的精神底色，同样也是昆山融媒人内心的信条。2019年8月12日，昆山市融媒体中心挂牌成立，标志着县级融媒体建设的"昆山实践"开启新征程。创建初始的昆山融媒面临着"钱从哪里来、机制怎么建、人心怎么融"等一系列问题。面对困难，融媒体中心班子抽丝剥茧，直击"核心"——以体制机制创新寻找突破口，把捆在身上的有形无形"枷锁"打破，彻底破解职责不清、阵地弱化、创新乏力痼疾，打造一支全新的现代传媒团队。

按照县级融媒体中心建设定位，昆山市融媒体中心在深入调研、求证的基础上，精心设计改革路径，以事业单位企业化管理、市场化激励为切入点，全方位重构运行体系：在组织架构上，以全媒体思维优化运行模式，建立协同联动高效机制，成立编辑委员会、经营管理委员会和技术委员会，实行"委员会模式"的扁平化管理模式；建立常态化的沟通协商机制，成立全媒体指挥中心、公共服务中心、客户端运营中心、技术中心、产业发展中心、行政中心六大中心；探索形成现代媒体运行机制和考核激励机制，以及"媒体+政务""媒体+服务"等运行模式；同时落实责权利配套，全面推行目标责任制考核，实施"核岗定编""预算控编"机制，建立岗位能上能下、人员能进能出、薪酬能高能低的动态管理模式。不断推进资产、人员、平台整合，推动传统媒体和新兴媒体在内容、渠道、平台、经营、管理等方面深度融合。

以人心相融催生"化学反应"

融媒改革，是一场考验智慧与定力的综合"实验"。机制创新，只是配比好了反应要素资源，而要触发这场反应，必须"催化"人的活力和潜能。

孤举者难起，众行者易趋。两个在一个屋檐下共生共进的团队，要产生1+1>2的效应，就必须做透人的文章。"只有人心相通，才能精神相融，力量相加，同向而行，同频共振。"

营造"一家人一起拼"的局面，首先要打破"围墙"，破除平台壁垒、门户之见。中心在平台再造基础上进行全面人员重组，彻底打通广播、电视、报纸、网站、移动端各平台，形成"报、台、网、端、微、屏"融合传播矩阵和"统一策划、一次采集、多次生成、多元发布、全媒传播"的流程格局。从单兵出击到多兵种协同作战，昆山融媒"铁军"浮出水面。

维系一支队伍的，除了平台，还有共同的价值取向和追求。为正向激励团队，让每一个人在系统中找到自己的位置，发挥最大效能，昆山市融媒体中心打破行政事业僵化体系，真正做到把"帽子"戴到有能力的人"头上"，把"票子"发到干实事的人"手里"，为优秀人才提供宽广的发展空间；同时，实施"年轻人才琢玉计划""优秀骨干匠心计划""青蓝对接精准提升计划"等一系列人才培养激励计划，打造人才梯队；中心还加大技术创新和新媒体平台建设方面投入，重点打造自主可控的"媒体+政务+服务+商务"平台，布局优势产业，不断拓展媒体服务产业链，增强造血功能。

见微知著，润物无声。融媒改革，既要有大刀阔斧般的果敢和勇毅，也要有日拱一卒式的细致和坚守。昆山市融媒体中心主任左宝昌至今还记得，中心刚成立开员工大会时遇到的"尴尬"情景，因为没有足够大的会议场所，单位不得不临时借用镇区一所小学的礼堂。那次经历令大家"耿耿于怀"，"我们一定要彻底改变融媒人的工作状态和环境，让大伙在单位体验到家的温暖感觉，有实实在在的获得感和幸福感！"

为了营造拴心留人的事业氛围，激发团队精气神，中心全面打造"品牌文化"工程和"员工幸福"工程，通过建设企业文化、提升办公环境、开展关爱行动，不断提升员工的幸福指数：中心建成了环境整洁、配餐丰富的自助餐厅，彻底解决了员工的"吃饭难"问题；精心打造了"融媒e家"，设立信仰空间、创新空间、共享空间和减压空间，美化了办公环境，提供了创新舞台。

最是动人平常事，一针一线总关情。在员工眼中，中心领导既是业务骨干，也是暖意满满的知心好友。每位员工生日时，中心主要领导都会送上一张生日祝福卡，里面写上温暖的祝福语和心里话。这样的感动凝聚在日常的点点滴滴之中。通过"加减乘除"法做好人心融合文章，中心营造了干事创业的良好氛围，从领导班子成员到普通员工，赶、学、转、帮蔚然成风。"一家人一起拼"成为昆山融媒大家庭最靓丽的底色。

以内容"升华"巩固"实验"功效

一条路，落叶无迹，走过春秋，留下记忆。回顾"昆山之路"走过的每一步，无不凝聚着勇气和汗水。"干得精彩，也要唱得漂亮"，这是一座城的自信。为了给城市发展鼓呼助力，昆山融媒人不遗余力。

今年11月8日，第22个记者节来临之际，昆山市委书记周伟深入昆山市融媒体中心调研。他勉励中心干部员工，要主动服务中心大局，始终扛好助推发展的责任担当，讲好昆山故事、传播好昆山声音、塑造好昆山形象。要围绕中心当好"鼓手"，建言献策当好"助手"，冲锋在前当好"号手"，拿出"胸怀一座城"的气魄，准确把握发展大势，突出报道好新举措新亮点，营造比学赶超的火热氛围。

融媒时代，各种新技术、新模式不断涌现，但"内容为王"始终是媒体生存发展的"不变法则"。面对"建设新城市、发展新产业、布局新赛道"新使命号召，昆山融媒人紧紧围绕昆山市委市政府中心工作，坚持导向为魂、移动为先、内容为王、创新为要，精心策划宣传报道，进一步提升主流舆论宣传的质量和水平，全力打造新媒体矩阵，助力中心工作，聚焦民生热点，传递社会正能量，频频推出有"昆山温度"和"昆山质感"的优秀作品，唱响了振奋人心的"昆山好声音"。

结合各平台传播特点和优势，昆山市融媒体中心持续深化内容生产供给侧结构性改革，同步发声、同向发力、同频共振，打造了一批爆款作品和融媒矩阵，实现传播效果最大限度提升："昆山发布""第一昆山"微信公众号阅读量、点赞量逐年攀升，粉丝数超90万；第一昆山APP上线仅一年多，下载量突破100万，用户超35万，实现政务服务、生活服务、社会治理三大类148项服务功能无缝接入，涵盖了市民生活办事的方方面面，为用户提供了刚需高频的掌上服务应用场景，基本实现"一端在手，办事无忧"；此外，抖音、快手等平台的内容上新也助力形成全媒体传播格局。结合建党百年重要时间节点，推出《奋斗百年路 启航新征程》全平台总栏目和"党史少年说""党史青年说""党史英模说""红色档案说"等6个微视频系列，引发强烈反响。

做好新闻宣传是党媒的立身之本，昆山市融媒体中心在从"相加"迈向"相融"的过程中，始终坚守社会责任，抓好新闻宣传，在实战中检验融的成效。2021年，年轻的昆山市融媒体中心团队迎来了一次次"大考"：庆祝建党百年、昆山市第十四次党代会、海峡两岸（昆山）中秋灯会、昆山市台资重大项目签约开工活动、昆山市新兴产业发展大会……一次次重大活动的采访现场，总有昆山融媒人忙碌奔走的身影。

"我们不只是昆山现代化建设的记录者和见证者，也是参与者和推动者。"为了提升传媒服务的精准性和针对性，昆山市融媒体中心深耕政务服务，专门成立市委市政府专班，进行无缝对接，靠前服务，将市委市政府的决策部署第一时间宣传落实好；采编人员下沉基层一线，抓取采写"带露珠、沾泥土、带热气"的鲜活新闻作品，打造基层舆论宣传的主阵地和服务区镇的"连心桥"。

专栏"贴地飞行"，做好"媒体+产品"文章。中心全新推出《第一视角》《对话企业家》等融媒体产品，紧扣市委市政府中心工作，聚焦百姓最关切话题，深挖重大新闻背后故事，用心用情用力解决好企业、群众的"急难愁盼"。去年4月，中心重磅推出的深度访谈类栏目《对话企业家》栏目上线以来，邀请友达光电、纬创资通、泽璟生物制药、清陶发展等18家领军企业的负责人走进节目，畅谈发展经验和理念，沟通问题解决办法，赢得了良好反响。

记录社会动态，关注民生民情，定格鹿城美景……昆山市融媒体中心成立以来，围绕市委市政府中心工作要求，多维度呈现了昆山高质量发展的务实之举，一个传播形态多样、传播体系现代、具有一定话语权的融媒平台不断发展壮大。在积极推进媒体融合过程中，融媒体中心一批"现象级"作品引发广泛关注和好评，有560多件被国家级媒体转载（发）。在2020年全国1700多个县（市、区）融媒体中心广播电视台参选活动中，昆山市融媒体中心获评全国广播电视媒体融合先导单位，这也是当年度全国唯一获此殊荣的县级融媒体中心。

融媒"昆山号"破冰远航

新华网江苏频道2020年12月13日

新华社记者　胡永春

作为我国改革开放的前沿阵地，昆山这片热土上曾经诞生过许多"第一"和"样板"。县级融媒体中心建设试点，是这块试验田中的又一新苗。作为中宣部重点联系推动、全国首批建设试点的县级融媒体中心，昆山市融媒体中心（传媒集团）历经半年多时间建设磨合，"化学质变"已然显现。

破题攻坚　融媒"昆山号"扬帆起航

12月11日下午，昆山市委、市政府在上海举行2019昆山融入上海合作发展推介会。会议现场，来自昆山市融媒体中心的年轻报道团队与央媒、省媒媒体同行同场"相竞"，圆满完成了报道任务。

历经半年多时间筹备、磨合，昆山融媒体中心"四梁八柱"已搭建成型。从正式启动到初试啼声，融媒"昆山号"破冰远航，疾速向前。

在我党的组织结构和国家政权结构中，县（市）一级处在承上启下的关键环节，是发展经济、保障民生、维护稳定的重要基础。建设县级融媒体中心，对于提升新闻舆论传播力、引导力，强化基层治理，夯实执政基础有着重要的意义。作为中宣部重点联系推动、江苏省首批建设的县级融媒体中心，昆山融媒体中心建设的重要性和标本意义不言而喻。但另一方面，因为没有成功参照和先例援引，这项试点从一开始就面临着诸多困难和挑战。

"难！但即便困难再多，我们也要硬着头皮向前闯，交出满意答卷！……"谈及融媒中心的改革，昆山市融媒体中心主任，昆山传媒集团党委书记、董事长左宝昌语气坚定。他认为，融媒体中心建设试点是一项系统工程，不是简单的"加减法"，涉及岗位分工、平台搭建、内容创新、薪酬改革等一系列重要课题。

惟其艰难，方显勇毅；惟其磨砺，始得玉成。对于融媒体中心建设，昆山全市上下给予了充分支持。该市成立了由市委书记任组长、市长任第一副组长的建设领导小组，下设政策对接、人才保障、项目建设、资金保障4个专项办公室，坚持高位协调，提供政策支持，从顶层设计提供核心"动力源"。昆山市委书记杜小刚、市长周旭东多次召开专题会议，研讨布置中心工作开展，现场解决实际问题；为提供政策支撑，昆山市制订出台了《昆山市融媒体中心组建工作的实施方案》和高标准做好全国县级融媒体中心试点工作的若干意见，从深化人事薪酬制度改革、创新人才引进激励政策、加大财政扶持力度等方面给予政策支持。同时，中心积极学习先进地区经验，邀请专业咨询机构协助推进媒体融合、内部管理制度设计，积极构建打造全媒体指挥中心、技术中心、行政中心、公共服务中心、产业发展中心五大中心，建立适应全媒体融合发展的组织架构，探索形成科学、规范、高效、灵活的现代媒体运行机制和考核激励机制，以及"媒体+政务""媒体+服务"等运行模式。

按照"稳中求进、能快则快、加快破题"的原则，昆山市融媒体中心稳步推进"物理整合"。今年5月初，昆山日报社整体搬迁到广播电视台，实现合署办公，完成了市融媒体中心（传媒集团）物理整合的第一步。中心不断推进资产、人员、平台等全方位整合工作，按照事业单位企业化运作模式，实行中层竞聘上岗、员工双选。同时，中心积极主动对接，高标准建设好中央信息厨房等技术支撑平台，以先进技术为支撑、内容建设为根本，推动传统媒体和新兴媒体在内容、渠道、平台、经营、管理等方面深度融合。

在"融合"中催生化学质变

8月12日，对于433名昆山融媒体中心人来说，是个"大日子"。这一天，昆山市融媒体中心（传媒集团）正式揭牌，标志着县级融媒体建设的"昆山实践"开启新征程。

昆山市委书记杜小刚为昆山市融媒体中心（传媒集团）揭牌。昆山市领导许玉连、沈一平、杨帆、李文出席揭牌仪式。揭牌仪式结束后，杜小刚一行来到全媒体指挥中心，详细了解昆山市融媒体中心加强新闻服务，组织架构、运作体系设计，昆山传媒大厦规划建设等情况。

杜小刚对新成立的昆山市融媒体中心提出殷切希望：要认真落实省委、苏州市委的部署要求，坚持党媒姓党，强化守正创新，扎实抓好县级融媒体中心建设，不断增强引导群众、服务群众的能力，"推动昆山媒体融合发展走在前列，为昆山推进社会主义现代化建设试点、做好高质量发展榜样营造良好舆论氛围。"

讲话中，杜小刚数次提到"化学反应"。融媒体建设，要产生1+1>2的效应，在整合之中追求"裂变"，在融合之中催生"化学质变"，这无疑也是昆山市融媒体中心建设追求的目标方向。

尽管已过去4个月时间，但对于昆山市融媒体中心全体员工来说，书记的讲话言犹在耳。有着20年工作经验的昆山市融媒体中心总编辑顾彩芳是位资深报人，对于此次融媒体改革，她自言感触颇多。她认为，融媒改革，不仅是机制体制的创新，也是一次媒体人的自我提升、重塑。"化学融合要求直抵问题核心，对于我们媒体人来说，必须要突破条条框框，轻装上阵，彻底解决合而不融、各自为战的问题。以创新求生存、求发展。"

"阵痛"过后是晴天。昆山市融媒体中心副主任陈佩华介绍，现在的融媒体中心从领导班子成员到普通员工，每个人都在变，在转，赶、学、转、帮蔚然成风。

在新体制机制的催生作用下，目前昆山市融媒体中心正从"物理融合"向组织、业务、人员、流程一体化运营的"化学融合"转变。中心始终坚持正确政治方向、坚守社会责任、聚焦主责主业，一方面抓好新闻策划、记者采写、融媒编发，做到精益求精，把好关口；另一方面抓好资源整合、平台互通，提升采编业务，图存求变。建立"一体策划、一次采集、多种生成、多元传播"的全媒体采编发流程，通过重构策采编发体系，强化移动优先，实行"报、网、端、微、屏"差异化传播，努力在报道中达到报纸有深度、广播电视有广度、微信有力度，准确发声，传播好市委、市政府的声音。对于领导关注、百姓关心的重点工作和民生热点，中心重点策划，集中采编力量，进行多平台全方位深度报道，努力发挥媒体功能、媒体力量，推动市委、市政府决策部署的落实，推动区镇部门执行力的提升。坚持"媒体融合、移动优先"，中心涌现出一批"提笔能写，对筒能讲，举机能拍"的全媒体记者，他们走基层、入社区、进车间，让党的创新理论"飞入寻常百姓家"。

改革后的昆山市融媒体中心实行中心制、平台化运转，面貌焕然一新。走进中心一楼大厅，新建成的全媒体指挥中心运转紧张有序。近20平方米的液晶大屏上，广电、报纸、新媒体各家信号源一览无余。通过数字智能化云平台，选题提报、采访任务分配、稿件上传、修订审签、最终播发全部实行平台化透明操作，传播效能大大提升，融合的效应得到充分彰显。

唱响"昆山好声音" 为高质量发展鼓呼加油

11月23日，昆山广播电视台的品牌栏目《民情面对面》走进花桥国际商务城，进行访谈直播。这是该栏目创立以来首度聚焦昆山开发区板块。

在许多昆山老百姓眼中，《民情面对面》是一档"辣味"十足同时又能真正解决问题的节目。去年4月，在昆山市委书记杜小刚的倡议下，昆山市融媒体中心策划筹办的《民情面对面》应运而生。一年多来，该栏目已制作播出了9期节目，节目组人员走访了昆山大多数区镇板块。围绕乡村振兴、民生保障、社会治理、安全环保等领域，栏目直面昆山在推进高质量发展进程中遇到的难点、堵点和痛点问题，积极回应百姓诉求。直播时，镇、城市管理办事处党政领导班子与百姓面对面，真诚交流、有问必答；市委市政府主要领导参加节目，当场点评。观众评价该栏目"切口小，接地气，不护短，闭环化解决问题，充分体现了民生情怀"。

《民情面对面》栏目是昆山市融媒体中心贯彻融媒体实践要求，直面昆山现实，建设与城市发展相匹配融媒体中心的一个案例。昆山市融媒体中心试点建设以来，根据市委市政府主要工作和市委宣传部的部署安排，围绕"四闯四责"总要求，不断强化融媒体思维，精心策划宣传报道，进一步提升主流舆论宣传的质量和水平，全力打造新媒体矩阵，助力中心工作，聚焦民生热点，传递社会正能量，频频推出有"昆山温度"和"昆山质感"的优秀作品，唱响振奋人心的"昆山好声音"。报、网、端、微竞相斗妍，文、图、音、视交相辉映，写下了媒体融合发展的"昆山答卷"。

做好新闻宣传是媒体的立身之本，昆山市融媒体中心在从"相加"迈向"相融"的过程中，始终坚守社会责任、聚焦主责主业、抓好新闻宣传，在实战中检验自己。2019年，年轻的昆山市融媒体中心团队迎来了一次次"大考"：2019年戏曲百戏（昆山）盛典、新中国成立70周年、昆山撤县建市30周年、中国昆山创业周、海峡两岸（昆山）中秋灯会……一次次重大活动的现场，总有融媒体人忙碌奔走的身影。今年以来，融媒体中心陆续推出了《2019年戏曲百戏（昆山）盛典开幕》《百戏盛典　新时代的文化盛宴》《"爱国情·奋斗者""壮丽70年　奋斗新时代"》《飞跃70年，重大工程建设这样改变昆山》《追忆"昆山之路"峥嵘岁月　汇聚"热血尖兵"磅礴力量——庆祝中华人民共和国成立70周年暨昆山撤县设市30周年主题活动隆重举行》《推进社会主义现代化试点　为全省提供样板示范》等一系列重磅策划和报道，引起了强烈反响，为昆山勇当新时代高质量发展和现代化试点走在前列的热血尖兵凝聚强大合力，营造了良好舆论氛围。

在这些活动中，昆山百戏盛典无疑是一次"大阅兵"。盛典期间，融媒体中心勇挑重担，每天派出50名记者、工作人员，连续奋战45天，制作专题片12部，采编推送新闻400余篇（条），同时为每场演出进行高清直播，将用三年时间为348个参演剧种录制"口述史"，为昆山留存一份宝贵的文化遗产和精神财富。据统计，第一届百戏盛典至今，融媒体中心制作采编的节目，微博话题参与互动3亿人次，为中国戏曲事业发展贡献了磅礴的"昆山力量"。

使命未竟，步履不停。在昆山未来城市客厅——青阳港核心地段，一幢气势恢宏的现代化传媒大厦将拔地而起。未来，这里将成为年轻科创之城的新文化地标和融媒体人的大本营。

"我们将以融媒体中心揭牌为契机，全新开启媒体融合改革发展的新篇章。下一步，我们将按照引导群众、服务群众的要求，紧紧围绕市委、市政府中心工作，坚持导向为魂、移动为先、内容为王、创新为要，自觉承担起举旗帜、聚民心、育新人、兴文化、展形象的使命任务，传播好昆山声音，讲好昆山故事。"左宝昌说道。

创新突破　各展所长

新华社《高管信息》2020年9月30日

新华社记者　朱　程　孙　寅

近年来，全国范围内的县级融媒体中心建设正在如火如荼地展开。在江苏，位列全国百强县最前列的昆山市、江阴市，因其活跃的经济社会生活、良好的媒体环境等，都较早开展县级融媒体中心的建设和运营，并取得了一系列成果。

记者采访了解到，昆山市与江阴市尽管在这一工作执行过程中各有特点，但都强调党建引领、用户导向、系统性思维和市场化运作。通过改革创新，他们坚守舆论阵地，做好社会服务，其相关思路和做法可为其他地区提供参考。

改革组织架构，创新人事管理。

随着短视频、直播等传播形式的普及，整个媒介生态发生巨大变革，以报纸、电视广播等为主的传统媒体面临巨大挑战。特别是县级层面，由于受众覆盖面、经济体量等因素制约，迫切需要改革破题。

昆山和江阴的融媒体中心都将履行党媒职责放在突出位置，属于当地市委直属事业单位性质，归口当地市委宣传部管理。同时，两地成立各自的传媒集团，与融媒体中心实行"两块牌子、一套班子"的运营模式。

从组织架构上看，昆山成立行政中心、全媒体指挥中心、技术中心、公共服务中心和产业发展中心五大中心，下设总编办等28个内设部门及6个下属子公司；江阴设立党委会、董事会为最高决策机构，下设编辑委员会、经营委员会、运营管理委员会、技术委员会，各司其职。

在顶层架构下，两地都注重加强人事管理改革。

昆山以党建带队伍促业务，组建成立8个党支部，打破原报社和广电的部门设置，在业务部门融合前，党员队伍先行融合。打破身份编制限制，坚持"企业管理、以岗定薪、量化考核、多劳多得"，做到"同岗同责、同工同酬，岗变薪变、动态管理"，实现从"身份管理"向"岗位管理"转变。开展中层干部竞聘上岗工作，成立竞聘工作委员会，制定竞聘方案，对竞聘者演讲答辩进行现场打分、组织考察，竞聘产生中层干部。加大高端人才引进力度，将融媒体内容生产、技术开发、经营管理等紧缺高端人才纳入昆山市紧缺专业人才引进计划，实行人才选拔双轨晋升机制，对于业务能力较强的人员，出台配套的特殊人才年金制和首席人员待遇制度，使员工拥有两条晋升通道。

尊重规律：融媒体中心发展的重要遵循
——以昆山市融媒体中心改革发展实践为例

《新闻爱好者》2022年7月

左宝昌　金燕博

习近平总书记指出，"我们要加快推动媒体融合发展，使主流媒体具有强大传播力、引导力、影响力、公信力，形成网上网下同心圆，使全体人民在理想信念、价值理念、道德观念上紧紧团结在一起，让正能量更强劲、主旋律更高昂。"这一重要指示，为县级融媒体中心建设指明了方向。

全媒体时代，如何建强用好县级融媒体中心，是摆在地方管理者、媒体从业者等面前的重大课题。善于把握规律、运用规律，是我们党一直以来领导推动工作的制胜法宝，这一方法同样适用于县级融媒体中心建设。强化顶层设计、深化体制机制改革、搭建全媒体平台等，都是县级融媒体中心建设的重点。但归根究底，是要在媒体融合改革中遵循并运用好媒体融合发展规律。

一、规律探寻

2014年8月18日，习近平总书记主持召开中央全面深化改革领导小组第四次会议时强调，推动传统媒体和新兴媒体融合发展，要遵循新闻传播规律和新兴媒体发展规律。

关于规律，列宁说过："规律就是关系……本质的关系或者本质之间的关系。"南京大学新闻传播学院教授、博导丁柏铨认为，新闻传播规律的内在规律是指新闻传播系统内各因素之间的关系呈现的规律。新兴媒体发展规律与新闻传播规律产生交互作用。在媒体融合过程中灵活运用规律，才能进一步增强县级融媒体中心工作的系统性、预见性、创造性，以达到举一反三、事半功倍的成效。

规律一：目标引领是推进媒体融合的前提

习近平总书记强调："要扎实抓好县级融媒体中心建设，更好引导群众、服务群众。"中宣部明确要求，要努力把县级融媒体中心建成主流舆论阵地、综合服务平台和社区信息枢纽。我们要准确把握县级融媒体中心建设的目标定位，确保媒体融合始终沿着正确的方向前进。一是当好党和人民的喉舌，建成主流舆论阵地，坚持党性和人民性统一。二是提升品牌影响力，打造综合信息服务平台，提升主流媒体的品牌影响力。三是发挥媒介优势，搭建起社区生活场景，进一步延伸社会治理的触角。

规律二：问题导向是推进媒体融合的重点

多年来，各地县级媒体受体制机制束缚、广告断崖式下跌等因素影响，出现了舆论引导能力不足、资金短缺、人才严重流失等问题。以昆山为例，在融合之初，面临一系列迫切需要解决的问题，比如，报纸、广电两个单位人员身份复杂，薪酬结构多样，运作模式不同；媒体矩阵分散，传播力引导力影响力还不够强；传媒资源聚合不够，创收模式单一，造血能力不足；面临专业人才匮乏，传统媒体骨干人才流失、新媒体人才短缺等诸多问题。这些问题亟须在组建融媒体中心的过程中予以解决。

规律三：把握趋势是推进媒体融合的密码

第49次《中国互联网络发展状况统计报告》显示，截至2021年12月，我国互联网用户规模达10.32亿，网民使用手机上网的比例达99.7%，舆论生态发生深刻变化，传统媒体的传播力、引导力、影响力、公信力受到挑战。这迫切需要我们以组建融媒体中心为契机，推动主力军全面挺进主战场，形成集约高效的内容生产和全媒体传播体系，把握全息化、可视化、沉浸式、交互式传播特点，使主流媒体具有强大的传播力、引导力、影响力、公信力。

规律四：扭住关键是推进媒体融合的核心

"融合发展关键在融为一体、合而为一。"而扭住"融为一体、合而为一"这一关键，应从融合发展最重要、最迫切的核心问题入手。第一，扭住"机制怎么建"这一核心，探索出网络时代、符合全媒体发展的体制框架与机制体系，成为新型主流媒体深度融合发展转向的重中之重。第二，扭住"资金哪里来"这一核心，才能为媒体开展新闻传播活动提供保障，人才问题也能迎刃而解。第三，县级融媒体中心不可回避的是"人心如何融"。多家传统媒体合并成为一家，以往的理念、待遇乃至工作方法却各不同。只有人心统一、形成合力，才能唱响主旋律，不断增强主流思想舆论的吸引力和感染力。

规律五：成效评估是推进媒体融合的检验

县级融媒体中心的建设是一项系统工程，涉及体制机制改革、资源要素整合、全媒人才培养、精品内容生产、先进技术应用、产业经营发展等，融合成效要靠内容生产来体现、综合服务来检验、党委政府和市民群众来评判，具体可从以下几个方面来进行评估。一是通过融合转型，其新闻宣传和引导群众服务群众能力有无增强，是否赢得党委政府和市民群众"两个满意"？二是在建设过程中，有没有坚持社会效益和经济效益相统一，是否实现"两个效益"双丰收？三是通过深化媒体融合改革，加大全媒体人才培养力度，是否激发体制机制和人才队伍"两个活力"？四是媒体优质内容产能和采用新技术程度如何，是否实现内容和技术"双轮驱动"？对于县级融媒体中心来说，实现上述四个方面的平衡和统一，将进一步推动媒体融合改革发生化学反应、产生乘数效应。

二、实践探索

2019年1月25日，中共中央政治局就全媒体时代和媒体融合发展举行第十二次集体学习时，习近平总书记强调，新媒体时代，媒介融合不单单是传统媒体的整合，更是创新，是"融为一体，合而为一"，是一场集体制机制、平台构建、流程再造、人才转型的深度再造。

2019年8月12日，昆山市融媒体中心（昆山传媒集团）挂牌成立，由原昆山日报社和原昆山市广播电视台整合而成，为昆山市委直属事业单位，归口市委宣传部领导，是中宣部重点联系推动、江苏省首批建设试点的县级融媒体中心。2020年5月完成江苏省级验收。旗下拥有第一昆山APP、第一昆山微信公众号、第一昆山网、《昆山日报》、广播、电视以及社区电子屏等媒体平台，形成了"报、台、网、端、微、屏"的全媒传播体系。

（一）遵循融合发展规律，建立"融为一体、合而为一"的体制机制

昆山市融媒体中心始终坚持党媒姓党，牢固树立"融为一体，合而为一"的核心理念，在组织架构、岗位管理、薪酬绩效、运行机制等方面创新提出一系列改革举措，破除体制机制障碍，放大一体效能。

1.组织架构从行政化向企业化转变。探索以现代传媒集团理念重构组织架构，实行"一套班子、两块牌子"，实现一体化运作。成立全媒体指挥中心、公共服务中心、客户端运营中心、技术中心、产业发展中心和行政中心六大中心，组建传媒集团六大子公司，形成有昆山融媒特色的全媒体融合发展组织架构。

2.人事岗位由身份管理向岗位管理转变。构建现代化企业岗位管理体系，建立完善能上能下、能进能出的岗位动态管理体系。增设专业晋升通道，实施配套部门预算控编机制。实行轮岗与待岗机动制度，实现人才合理流动。

3.薪酬管理体系由事业化向市场化转变。实施"以岗定薪、同工同酬、量化考核、多劳多得、优劳优得"的市场化薪酬体系及"两级考核二次分配"政策。落实薪酬向创新产品、移动优先项目、重点岗位、核心骨干、一线员工等倾斜。完善融合奖励政策，设立董事长特别奖和融合创新奖励等。

4.组织运行机制由粗放型向集约型转变。实行"委员会模式"扁平化管理，打破中心和部门、领域和板块的界限。重点打造"中央厨房"采编系统，实现一次采集、多种生成、多元发布、全媒传播。推行项目制、工作室、事业部等创新管理方式，建立以业绩目标为依据的考核奖惩与退出机制。

（二）遵循新闻传播规律，建立导向为魂、内容为王的传播体系

昆山市融媒体中心的管理层深刻认识到，以互联网为核心的现代信息技术发展带来传播环境的新变化，必须回归新闻规律的本原。把握好各因素之间关系的规律，探索形成立体多样、层次分明、融合发展的全媒体传播体系，才能实现"媒体融合"到"融合媒体"的转变。

1.坚持导向为魂，当好党和人民的喉舌。对于县级融媒体中心来说，坚持正确方向，当好党和人民的喉舌，是一切工作的出发点。昆山市融媒体中心加强导向管理和阵地管控，贯彻落实意识形态工作责任制，完善重要精神传达制度、重要事项请示制度、重要稿件审核制度、报道舆情研判制度、报道差错问责制度和终审发稿人管理制度等，充分履行主流媒体的喉舌功能。在昆山此次疫情防控阻击战中，昆山发布和第一昆山微信平台推送疫情相关内容2600余条，阅读量超过7000万人次，显示出了宣传平台在重大突发事件中的传播力、影响力、引导力和公信力。

2.坚持内容为王，深化供给侧结构性改革。新闻传媒的发展，归根结底在于优质内容。昆山市融媒体中心努力创作人民群众喜爱的全媒体产品，把"重要的"做成"需要的"，把"有意义"做成"有意思"，从拼海量向拼质量转变，从聚流量向聚人心跨越。一是打造新闻头条。做到精心策划、精挑细选、精雕细琢、精益求精，使重大主题报道、重要活动、重大新闻等成为头条重点题材，实现传播效果最优化。二是创作品牌栏目。推出全媒体栏目《对话企业家》，畅通企业与政府间的沟通渠道，在全社会营造鼓励创新创业的良好氛围；推出广播品牌栏目《我要吐槽》，联动相关部门帮助听众解决问题200多件。三是提高传播时效。挑选精锐骨干记者派驻到昆山市委办、市府办常驻办公，第一时间、全面深入做好市委市政府重要会议、重大活动和重大主题报道，创新探索县级融媒体中心与多个区镇分中心的"1+N"架构模式，常态化开展直播，实现了重大新闻及早策划、提前采写、快速编辑、高效审核、及时推送。

3.创新表达方式，打造更多刷屏热传精品。注重移动性、互动性、体验感、服务性、场景化相结合，以碎片化、轻量化的表达方式承载深厚的内涵，在与用户互动中实现表达方式的转换与突破，重构媒体表达体系。2021年1月10日，昆山市融媒体中心率先推出AI记者"昆小融"并成功将这一IP形象实现全面融合传播，新闻品牌效应凸显。

（三）遵循新兴媒体发展规律，建立移动优先、技术引领的传播矩阵

移动互联网时代，数字化、移动化大趋势已形成。学者丁柏铨提出，"新兴媒体发展规律内涵应包括数字化律、方便使用律、适应个性律、包容融合律、全天候律"。昆山市融媒体中心遵循新兴媒体发展规律，将人才、资金、项目、技术向数字化、移动端倾斜，形成以"新闻+政务+服务+商务"平台第一昆山APP为核心且载体多样、渠道丰富、覆盖广泛的移动传播矩阵。

1.加强客户端建设。上线昆山首个自主可控"新闻+政务服务商务"客户端——第一昆山APP，实现本土、国内国际重大新闻实时更新，为用户提供掌上政务、掌上教育、交通出行、医疗健康等服务148项，打造24小时不打烊"数字政务"平台。

2.建强新媒体矩阵。加快做优做强微信视频号、今日头条、抖音、快手、B站等新媒体矩阵，全流程、多平台、高时效、强互动的一体化传播模式逐步形成。第一昆山APP、第一昆山微信公众号、昆山发布微信公众号等新媒体平台粉丝用户数超200万。

3.实行全媒体转型。对原报社广电采编人员进行培训转型，强化短视频、直播等新媒体产品的采编力量，打造"一专多能"全媒体人才队伍。目前所有采编人员均具备外出采访一次、至少为两个以上平台供稿的能力。

4.技术支撑融媒体。建设具有大数据分析、人工智能能力的智慧媒体数据中台，对照片、视频等素材进行精准识别和智能编辑。启动第一昆山APP平台二期项目，将海量数据通过可视的、交互的方式进行展示。

（四）遵循人才使用规律，打造"一家人一起拼"的企业文化

吸引人才、留住人才、用好人才、激励人才是队伍建设的根本。昆山市融媒体中心巧用"加减乘除"法，努力打造"一家人一起拼"的企业文化，充分激发干部职工队伍干事创业的活力。

1.在人才激励上做"加法"。构建企业化薪酬与绩效管理体系，多劳多得，优

劳优得。在岗位晋升方面增设"首席、资深"专业通道；在业绩考核方面加大对优秀人才和突出业绩人员的奖励力度；在人才培养方面，实施"年轻人才琢玉计划""优秀骨干匠心计划""青蓝对接精准提升计划"等人才培养激励计划。

2.在消除思想顾虑上做"减法"。打造"品牌文化"工程，营造文化氛围，凝聚发展共识。实施"队伍提升"工程，通过内部业务交流会，派员赴中央媒体跟班学习，邀请专家授课，提升业务能力。打造"员工幸福"工程，通过搭建党建阵地、提升办公环境、开展关爱行动，提升员工的幸福指数。

3.在目标引领上做"乘法"。规划远景战略目标，制定五年发展规划，打造全国县级融媒体建设标杆，通过战略驱动促成融合的几何级乘数效应。坚持移动优先战略，加大技术创新、人才培养与新媒体平台建设方面投入，重点打造自主可控的"媒体+政务服务商务"平台，不断谋划拓展媒体服务产业链，增强造血功能。

4.在壁垒打破上做"除法"。破除平台壁垒，推动采编力量向新媒体集中、向移动端聚合。破除业务壁垒，重构"策采编审发"流程，形成"统一策划、一次采集、多次生成、多元发布、全媒传播"的流程格局。破除制度壁垒，在架构整合基础上重构制度体系，完善运行机制，设计全新的运作流程。

三、成效启示

先进理念赋能良性共生媒介生态机制创新，个体探索持续丰富县级融媒改革经验。昆山市融媒体中心经过三年的探索实践，走出了一条遵循规律、独具特色的媒体融合之路。成立至今，中心高标准完成省级验收，获江苏省首批互联网新闻信息服务许可证和信息网络传播视听节目许可证，获全国广播电视媒体融合先导单位10强称号，是全国唯一获此荣誉的县级融媒体中心；获"全国市县媒体融合先导单位20强"，是江苏省唯一获此荣誉的县级融媒体中心；获全国融媒体建设示范单位、江苏省县级融媒体中心建设优秀案例、优秀区域融媒综合影响力TOP10，各方面工作取得了阶段性成效。昆山市融媒体中心所取得的阶段性成效，有赖于较好地处理了引导群众和服务群众的关系、社会效益和经济效益的关系、体制机制改革和队伍建设的关系、内容与技术的关系等等。在此，依托昆山市融媒体中心的具体实践，我们尝试做一些规律性总结，供学界和业界参考。

（一）领会好"引导群众和服务群众"的关系，在"两个满意"中检验"融"的成效

县级融媒体中心植根基层沃土，要坚持在引导中服务，在服务中引导，在党委政府和市民群众的"两个满意"中检验出媒体融合改革的成效。三年来，昆山市融媒体中心一方面在聚焦主责主业上，用更多有速度、有深度、有温度、有品质的融媒精品，讲好昆山故事。昆山市融媒体中心建设成效连续三次写入昆山市委全会报告并纳入昆山市第十四次党代会报告；2020年和2021年连续两年在全市综合考核中被评为第一等次。另一方面，在走好群众路线上，为市民群众提供高质量的文化产品和服务，不断增强市民群众的获得感、幸福感。第一昆山APP生活服务功能不断优化，上线一年下载量突破120万，注册用户数超40万，获评2021区域融媒创新发展最佳客户端TOP10。中心承办的广场舞大赛吸引1200支队伍2万名市民参赛。

（二）把握好"社会效益和经济效益"的关系，在"两个丰收"中检验"融"的成效

县级融媒体中心要实现可持续发展，必须坚持把社会效益放在首位，实现社会效益和经济效益相统一、良性互动。三年来，昆山市融媒体中心探索建立"新闻+政务服务商务"的运营模式，一方面，承办重大活动，打响融媒品牌。积极承办对话"昆山之路"、政协问政、发放消费券、"中国—中东欧国家合作新春晚会"、"双12苏州购物节"和沪苏同城"五五购物节"昆山狂欢购活动系列活动。另一方面，探索多元经营，增强造血功能。做好"媒体+产业"大文章，完善产业链规划设计，布局前沿平台项目。组建文化传播、影视发展、才艺培训、资产管理、商贸服务、数字传媒六大子公司，开展多业态运营，培育壮大"传媒+"产业集群。成立琼花影视工作室，2021年共完成宣传片50多部，实现创收1000万元。

（三）统筹好"体制机制改革和人才队伍建设"的关系，在激发"两个活力"中检验"融"的成效

建强用好县级融媒体中心，需要释放体制机制活力，激发人才队伍活力。三年来，昆山市融媒体中心积极推进组织架构、生产流程、人事制度、薪酬体系、绩效考核等综合性改革，一方面，深化体制机制改革，在组织、流程、人事、薪酬与绩效等全方位重构企业化管理运行体系，出台的《昆山市融媒体中心（昆山传媒集团）薪酬与绩效改革实施方案》，在第一届第一次职工代表大会上以98.5%的赞成率高票通过。另一方面，激活人才动力源，开展中层干部和重要岗位竞聘，加快名记者、名编辑、名主持、名评论员等人才培养。干部职工的精气神发生了根本性变化，2021年吸引20多位人才加入，其中不乏凤凰卫视、浙江广电集团等媒体骨干。

（四）处理好"内容和技术"的关系，在实现"双轮驱动"中检验"融"的成效

县级媒体中心的建设过程中，内容与技术互为支撑、相互融合，共同构成核心竞争力。昆山市融媒体中心以内容和技术为"双轮驱动"，一方面，在内容生产上，持续扩大优质内容产能，精品迭出，2020年在各级各类好新闻评比中共斩获江苏省级以上奖项19个，2021年在"全省好新闻"评选中获奖数量和层次名列省县级融媒体前茅；对内宣传有声有色，2022年一季度，昆山发布微信公众号总阅读量突破4700万，其中10万+微信达112条，最高单条阅读量突破200万，新华社新闻信息中心、新华社县级融媒体研究中心首次联合发布的2022年一季度县融中心优秀案例榜单中，昆山市融媒体中心荣获全国县融中心综合影响力优秀案例TOP10等三个奖项；对外宣传精彩纷呈，成立至今，在新华社、人民日报、央视等国家级平台发稿500多篇次，其中《新闻联播》14篇。另一方面，在新技术应用上，探索将人工智能运用在新闻采集、生产、分发、接收、反馈中，构建智能化、全媒体传播体系。加强对云技术、大数据、4K/8K、5G、人工智能等技术在全媒生产领域的深度应用。数字传媒公司实质化运作。

总之，昆山市融媒体中心始终本着尊重规律、遵循规律、用好规律的原则，坚持目标引领、问题导向、把握趋势、扭住关键，通过实践检验融合发展成效，形成由内容主导向渠道拓展、平台经营、管理体制等多方面良性、互动、共生的媒体融合场景，初步描绘出县级媒体融合的发展目标和未来景象。下一步，昆山市融媒体中心将始终坚持以习近平新时代中国特色社会主义思想武装头脑指导实践推动工作，认真落实中央关于加快推动媒体融合发展的要求，全力打造全国县级融媒体建设标杆，朝着"主流声音洪亮、传播渠道多样、融合个性鲜明、管理科学规范"的全国融媒体样板迈进。

（作者左宝昌为昆山市融媒体中心党委书记、主任，昆山传媒集团董事长、总经理；金燕博为昆山市融媒体中心文明实践工作部主任）

机制一变天地宽

——媒体融合发展之昆山实践

《县市报研究》2021年第4期
左宝昌

2018年8月21日至22日，中共中央总书记习近平在全国宣传思想工作会议上指出，"要扎实抓好县级融媒体中心建设，更好引导群众、服务群众"。2018年9月20日至21日，中宣部在浙江省长兴县召开县级融媒体中心建设现场推进会，对县级融媒体中心建设做出部署，要求2020年底基本实现在全国的全覆盖。县级融媒体中心建设蹄疾而步稳，涌现出一大批富有实效的实践成果，积累了许多有益的经验，但在建设过程中也存在顶层设计、理念、人才、体制机制等方面的难题，特别是体制机制僵化已经成为县级融媒体中心建设的掣肘。本文以昆山市融媒体中心在体制机制改革方面的探索为例，探究县级融媒体中心在破解体制机制难题过程中采取的路径及未来的发展趋势。

一、困境与挑战

当前我国县级融媒体中心建设尚处于摸索阶段，面临诸多困难和问题，体制机制僵化成为严重制约人才队伍建设的掣肘。具体表现为：运行管理机制僵化、经营创收模式单一、人员架构体系及绩效考核机制落后、改革动力不足等，严重阻碍了县级媒体融合改革的步伐。

一是县级机构各自为政，运营管理机制僵化。现阶段，我国县级媒体运营管理机制普遍呈现出"杂乱无章"的状态，平台间缺乏深度、有效的联动。虽然县级融媒体中心建设基本实现了全覆盖，但广播、电视、报纸、新媒体各自为政、互不干涉的现象还是较为普遍，资源平台得不到有效的互融共通，极大阻碍了媒体融合发展。有的县级融媒体中心还存在不同平台之间进行"简单叠加"的形式主义问题，没有形成"合署办公"的有利模式，也没有撤裁变革原本臃肿的机构设置，缺乏强有力的"领导班子"进行战略部署及任务规划，权责分配体系并不明晰。

二是经营创收模式单一，产业化程度较差。县级媒体长期以来采取的是事业单位体制，基本上依靠财政补贴生存，但在实际运行过程中，县级财政"供血"困难、资金匮乏，一些经济落后地区的县在当地县级融媒体中心建设上只给予200万元左右的费用，除购买用于展示的大屏之外，基本上就没有资金做其他的事情了。部分县级媒体的经营方式仍停留在单一的广告经营模式，在新媒体的冲击下，广告收入出现明显下降，"自我造血"能力不足，无法实现可持续发展。

三是绩效考核机制落后，难以激发人才活力。推动媒体深度融合，人才是基础，队伍是关键。但县级融媒体中心因为平台影响力小、市场竞争力弱，特别是受制于体制机制的束缚，很难建立公平、高效、科学的绩效考核分配机制，经常是干多干少一个样、干好干坏一个样，不能充分激发员工干事创业的活力，使得人才引不进、留不住、用不好，成为制约县级融媒体中心建设的瓶颈。

四是改革动力不足，落地落实困难重重。由于部分县区的媒体融合观念不强，对新媒体的地位与作用认识的偏差，导致党委政府及相关部门对于媒体融合改革的政策支持和保障匮乏，使得媒体融合多为形式化的响应上级决策而进行的自上而下融合。此外，有的地方原本的广电和报纸发展得都很好，合并成立融媒体中心后还是习惯于原有的体制机制，改革的决心和动力不足。

二、探索与实践

落后的体制机制已成为县级媒体融合发展的最大阻碍，体制机制不改，人员的积极性与主动性无法激活，组织的活力难以释放。如何打破"平均主义大锅饭"，建立有效的奖惩激励机制，成为县级融媒体中心面临的一大难题。面对压力和挑战，昆山市融媒体中心大胆改革，创新突破，坚持"事业单位企业化运作、市场化待遇"，用改革凝聚发展的磅礴力量。

（一）加强顶层设计，夯实改革根基

一是政府资金政策多方位支持。昆山市以理念融合为先导，把县级融媒体中心建设纳入全市全面深化改革的大盘子，着力解决影响县级融媒体中心发展的机构定位、人员编制、运作模式等问题，破除体制机制障碍，构建起保障有力、管理高效的新型传媒机构。将昆山市融媒体中心划入公益二类事业单位，市财政拿出专项财政资金支持传媒事业和传媒产业发展。

二是重构优化组织架构。树立"融为一体、合而为一"的核心理念，重构组织架构，激发组织活力。按照县级融媒体中心建设要求，2019年5月，完成了原昆山日报社、昆山市广播电视台的业务、资产和人员整合，实现合署办公。同时

学习借鉴省级、地市级传媒集团的成功经验，与相关咨询机构合作，开展媒体融合、事业发展管理模式的顶层设计。目前已打通各媒体平台，成立全媒体指挥中心、技术中心、行政中心、公共服务中心、产业发展中心五大中心，并组建了文化传播、影视发展、才艺培训、资产管理、商贸服务五大子公司，形成了全媒体融合发展组织架构和"事业单位企业化管理、市场化待遇"体制形式和运营模式。

三是推动出台改革创新政策。在组织架构、薪酬体系、采编流程、平台建设等方面创新提出一系列改革举措。第一，推动出台了关于加快昆山媒体融合改革发展高标准做好全国县级融媒体中心试点工作的若干意见，由市委常委会审议通过。从深化人事薪酬制度改革、创新人才引进激励政策、加大财政扶持力度、高标准加快推动传媒大厦建设等方面，给予政策支持、鼓励创新突破。第二，推动出台了昆山市加快推进媒体深度融合发展的若干措施，经市委深改委第六次会议审议通过。从深化体制机制改革、优化薪酬管理体系、加快人才队伍建设、拓展文化服务产业、加大支持保障力度等方面为扎实推进县级融媒体中心建设提供了制度保障，为下一步改革发展创造了有利条件。

四是创新管理运行机制。成立编辑委员会、经营管理委员会和技术委员会，定期召开工作例会、专题会议、业务分享会等，形成常态化的沟通交流机制，推动各部门增进了解、凝聚共识、加强协作、形成合力。推行项目制、工作室、事业部等管理模式，试行"竞聘（竞标）上岗、独立核算、自主运营、权责利配套、风险分担，成果分享"的管理机制，赋予创新团队必要的人财物及经营自主权。推进岗位胜任度评价、完善待岗培训、机动调派、二次上岗与退出等配套制度，建立合理的岗位流动"换血机制"，激发团队干事创业的激情。

（二）优化激励机制，激发队伍活力

一是人事岗位由身份管理向岗位管理转变。实施岗位价值评估与竞聘双选工作，建立完善能上能下、能进能出的岗位动态管理体系。增设专业晋升通道，配套部门预算控编机制，落实内部协作机制。实施轮岗与待岗机动制度，实现人才合理流动与"换血"机制。引入职业经理人模式，试行股权激励与事业合伙人机制，充分激发人才活力。

二是薪酬管理体系由事业化向市场化转变。按以岗定薪、同工同酬、多劳多得，增量激励、逐年优化的改革思路，优化薪酬结构，加大浮动绩效与奖金比重，实施"两级考核二次分配"政策。落实薪酬向创新产品、移动优先项目、重

点岗位、核心骨干、一线员工等倾斜。对融媒高层次人才实行年薪制、协议工资制、项目工资制等灵活的薪酬模式。完善融合奖励政策，设立董事长特别奖和融合创新奖励，建立完善外宣评先、创优好稿等奖励制度，通过绩效和奖励拉开薪酬合理差距。

三是组织运行机制由粗放型向集约型转变。优化组织管理模式，推行项目制、工作室、事业部等创新管理方式，赋予创新团队必要的人财物及经营自主权，建立以业绩目标为依据的考核奖惩与退出机制。针对部分内容生产与经营项目，试行"竞聘（竞标）上岗、独立核算、自主运营、权责利配套、风险分担、成果分享"的企业化管理模式。

四是人才晋升通道由单一化向多通道转变。在行政晋升之外增设"资深、首席"等专业晋升通道，公开评选、动态管理。鼓励市场化引进高层次人才，为高端人才、急需紧缺人才引进提供特殊支持，开辟绿色通道，给予特殊待遇。

三、成效与收获

媒体融合是个新生事物，没有成功参照、没有模式遵循、没有先例援引，甚至有人说媒体融合是"天下第一难"。但媒体融合改革是大势所趋。千难万难，勇于攻坚克难就不难，千辛万苦，敢于担当作为就不苦。融合改革一路走来，有艰辛、有坎坷，更有收获的喜悦！

一是融出了凝聚力、亲和力。在系统化改革举措的驱动下，全体员工的精气神发生了根本性变化。自信心变得更强。以前采编一线的记者出去采访，因为要考虑经营创收，加上传统媒体影响力日渐式微，经常畏手畏脚、自信不足，而现在都为是一个融媒人而感到骄傲和自豪。愿意加入的人更多。融媒体中心成立前的2017年、2018年各离职13人、18人，成立时的2019年离职11人，2020年仅离职1人。2020年引进各类人才20多人，其中不乏凤凰卫视、浙江广电集团、黑龙江广播电视台、江西广播电视台、哈尔滨日报社、青岛广播电视台等副省级以上媒体的骨干人才。想要做事的劲头更足。融媒体中心有个女编导已经45岁，原本比较"佛系"，在2020年举行的琼花工作室负责人竞聘中，她自告奋勇和"90后"们同台竞技。她深有感触地说，正是受融合改革激发感染，才再次有了站到前台的冲劲。目前，融媒体中心已然成为每个员工的奋斗之家、成长之家、快乐之家。

二是融出了生产力、竞争力。聚焦主业、内容为王、当好喉舌，通过用心做好每项宣传、编好每条微信、出好每份报纸、办好每档栏目，新闻传播力得到显著提升。对外宣传成绩卓著。2020年至今，昆山市融媒体中心在央视、央广、《人民日报》、新华社、中新社等国家级平台发稿249篇次，其中《新闻联播》11篇，省台611篇，学习强国520篇。2020年7月6日，《新闻联播》"走向我们的小康生活"专栏中，播出了《昆山：智慧农业平台助推农民增收》，用近4分钟时长详细报道了昆山帮助农民增收创收的成功经验。对内宣传有声有色。在重要会议（活动）、重大主题的宣传上，在重大突发事件、热点问题的正面回应上，各平台统一发声、互相支持、多媒相融，重大时政宣传浓墨重彩，新媒体宣传亮点纷呈。去年疫情期间，"昆山发布"和"第一昆山"微信平台推送1000余条，总阅读量超过千万人次。其中，"昆山发布"共有30多条"10万+"阅读量的作品，其中单条阅读量最高近80万、单日总阅读量最高超110万，在苏州县级市（区）微信排行榜（政务类）上连续多周位居首位。精品力作层出不穷。2020年在各级各类好新闻评比中共斩获省级以上奖项19个，其中获得江苏省报纸优秀作品（全省好新闻）二等奖2个、三等奖3个，获得中视协一等奖3个、江苏省广播电视二等奖3个和三等奖4个。在江苏省新闻媒体践行"四力"、深入"走转改"优秀新闻作品评选中，是唯一获得广电类一等奖的县级融媒体中心。在今年的"江苏省好新闻"评选中，荣获1个一等奖、5个二等奖和2个三等奖，获奖数量和层次名列江苏省县级融媒体前茅。创作的Vlog"'我'眼中的小康"栏目荣获2020年江苏省网络视听新媒体十佳栏目（节目）奖，是唯一获此荣誉的县级融媒体中心。创作的《江苏昆山：外籍友人在昆感受"中国年"》荣获2021年第1期全国县级融媒体中心优秀作品双月赛一等奖。

三是融出了影响力、公信力。始终在党委政府和市民群众两个满意中检验"融"的成效，主责主业得到市委市政府的充分肯定，民心服务获得市民群众的高度认可，总体成效得到了社会各界和上级媒体的广泛关注。2019年12月14日，新华网推出深度报道《融媒"昆山号"破冰远航》，指出媒体融合成效已初步显现。2019年12月26日，中宣部《每日要情》刊发了《江苏昆山高标准推动县级融媒体中心建设》信息。2020年9月30日，新华社《高管信息》刊发《昆山融媒体中心建设：创新突破，各展所长》，高度关注融媒体中心改革成效。2020年11月15日，交汇点新闻发文报道《江苏唯一！昆山市融媒体中心获评全国市县媒体融合先导单位》。2021年1月22日，《苏州改革》刊登《融出一片广阔的新天地——昆山市融媒体中心改革试点的创新实践》，充分肯定了融媒体中心的融合改革成效。2020年年底，荣获全国广播电视媒体融合先导单位10强称号，是全国唯一获此荣誉的县级融媒体中心，荣获"全国市县媒体融合先导单位20强"，是江苏唯一获此荣誉的县级融媒体中心。

四、愿景与未来

媒体融合是一场长跑，慢进则退，不进则汰。进入媒体融合的下半场，必须要跳出媒体看媒体，县级融媒体中心已经不是单一的新闻宣传机构，而是打通媒体融合的"最后一公里"、连接群众的"最后一公里"、基层治理的"最后一公里"，成为新时代治国理政新平台。时代在不断变迁，科技在快速发展，趋势在迅速更迭，机遇与挑战并存，只有懂得把握新时代趋势机遇，才能成就一番伟大的事业。

（一）提升优质内容生产力，跑好媒体融合定向赛

在新老媒体万马奔腾的年代，媒体融合向纵深发展，以内容建设为根本不能变，发挥舆论"压舱石""定盘星"的作用不能变。思想性始终是媒体的核心竞争力，做有思想、有温度、有品质的新闻产品始终是第一追求。作为专业的内容生产者，县级融媒体中心始终要坚持正确方向，聚焦主业打造内容精品，增强新闻原创能力，把"重要的"做成"需要的"，把"有意义"做成"有意思"，让提升新闻品质成为融媒体发展策略的核心要义，从拼海量向拼质量转变，从聚流量向聚人心跨越，着力打造"有温度、有品质，传得开、叫得响"的上乘之作。要发力短视频，基于文化传统、旅游资源、人文风情等县域特点，因地制宜地创作出符合当地老百姓喜好的短视频融媒体产品。要在IP源头、适配群体、表达形式、触及方式等各环节形成强大能力，从"内容生产者"向"内容运营者"转变，进一步提升主流媒体影响力。

（二）释放改革创新"原动力"，跑好媒体融合接力赛

媒体融合，对运营管理提出全方位要求，"刻舟求剑"不行，拿着"老船票"想要登上"新客船"也不可能，必须用改革的思想、创新的办法、制度的力量来推进。要全面实施企业化薪酬管理制度，深化事业单位"以岗定薪、岗变薪变、量化考核、多劳多得、优劳优得"改革，优化薪酬结构，突出绩效分配导向，鼓励薪酬向一线员工、重点岗位、核心骨干、创新产品、移动优先项目等倾斜，最大限度调动人员积极性主动性创造性。要建立面向全国招聘优秀高层次媒体人才的常态机制，实施"年轻储备干部培育计划""优秀骨干人才培养计划""青蓝对接精准提升计划"等人才培养激励计划。要充分借助"外脑"，和

知名高校建立战略合作关系，培养专业人才、共建融媒智库、打造实践基地。要推动区镇成立融媒体分中心，建立县级融媒体中心+多个区镇分中心的"1+N"架构模式，由县级融媒体中心派驻人员常态化对接区镇宣传与服务等方面需求，加强对区镇的融媒服务功能，形成上下贯通、左右联动的聚合型融媒体平台。

（三）激发移动优先"加速力"，跑好媒体融合弯道赛

纸媒时代，新闻的"生命"是一天。融媒时代，时间和空间的藩篱被打破，新闻产品的生命以小时、分钟甚至秒来计算。众所周知，当今社会"终端随人走、信息围人转"已成为信息传播的新常态。融合发展必须顺应移动化大趋势，强化移动优先意识，把客户端建设作为重中之重，形成载体多样、渠道丰富、覆盖广泛的移动传播矩阵。要按照移动优先要求，重造策采编审发流程，彻底打通采与编、采编与技术、内容生产与平台建设等多重壁垒，确保新闻生产的"第一滴水"落在移动端，实现新闻资讯24小时持续推送、滚动传播，做到"一端在手、尽在掌握"。要强化用户思维，注重客户体验，真心实意与用户"坐在同一条船上"，以用户为中心架构新媒体功能价值体系，重塑生产机制，创新服务功能，把用户注意力聚集过来，推动形成渠道丰富、传播有效、可管可控的移动传播矩阵。

（四）增强技术创新"驱动力"，跑好媒体融合挑战赛

回顾媒介发展的历史我们不难发现，技术的迭代更新使得信息传输方式发生变化，人与人、人与事物或事物与事物之间的联系方式也随之改变，当下，技术已成为事关媒体未来发展的核心驱动力。要用好大数据、云平台等技术，加快信息传播网络化、数据化、智能化进程。要从"媒体+技术"角度深入社会治理研究，参与解决服务群众"最后一公里"问题，以社区宣传、社区治理、社区文化、社区服务和社区居民互动等需求为切入口，做好社区综合治理平台的创新策划、开发建设与落地运营工作，增强用户黏性，打造社区数字化互动传播新模式，构建社区数字化治理服务新平台。进一步探索"智慧媒体+智慧政务+智慧城市运营"，真正做到以技术驱动平台，提供多元化、多端口、多种服务，构建全媒体传播体系。

（五）打造产业发展竞争力，跑好媒体融合持久赛

这几年，传统媒体创收断崖式下跌，主要是由于原有的经营模式老了旧了，跑不动了。赛道变了，除了不断升级，推动"马车"向"动车"转型，还得需要动力足、造血强的"大引擎""大心脏"才能行稳致远，跑好这场旷日持久的

"马拉松"。县级融媒体中心要实现可持续发展，不能一味靠财政扶持，含着"奶嘴"过日子，只有不断提升"媒体+政务服务商务"的能力，在"体能储备"上下功夫，做强产业，反哺新闻，创新业务模式培育增量，才能带动发展后劲，实现经济效益和社会效益双丰收。

（作者左宝昌为昆山市融媒体中心党委书记、主任，昆山传媒集团董事长、总经理）

巧用"加减乘除"法 解锁深融"方程式"
——昆山融媒改革的创新探索与实践

《中国市县融媒体中心建设研究报告2022》
浙江大学出版社2022年12月

左宝昌

昆山市融媒体中心由原昆山日报社和昆山市广播电视台整合而成，于2019年8月12日挂牌成立，旗下拥有第一昆山APP、"第一昆山"微信公众号、"第一昆山"网、《昆山日报》、广播、电视以及社区电子屏等媒体平台，形成了"报、台、网、端、微、屏"的全媒传播体系。

作为中宣部重点联系推动、江苏省首批建设试点的县级融媒体中心，昆山市融媒体中心努力探索互联网时代符合全媒体发展的体制框架与机制体系，在组织架构、岗位管理、薪酬绩效、运行机制等方面创新提出一系列改革举措，试图解决"机制怎么建、人心怎么融、钱从哪里来"等一些制约长远发展的现实问题，各方面工作取得了阶段性成效。成立至今，中心高标准完成省级验收，获全国广播电视媒体融合先导单位10强称号，是2020年度全国唯一获此荣誉的县级融媒体中心；获全国市县媒体融合先导单位20强，是江苏省唯一获此荣誉的县级融媒体中心；获全国融媒体建设示范单位、江苏省县级融媒体中心建设优秀案例、优秀区域融媒综合影响力TOP10，蹚出了一条媒体融合的"昆山之路"。

一、背景和动因

按照中宣部的部署要求，2020年底，县级融媒体中心已经在全国实现了全覆盖，也意味着县级融媒体中心建设将从"遍地开花"走向"提质增优"的新阶段。但如何"提质增优"，从媒体融合走向深度融合，这是摆在所有县融面前的一道难题，特别是体制机制方面的束缚，已成为县级媒体融合发展的最大阻碍，体制机制不改，人员的积极性与主动性无法激活，新闻内容的生产力无法释放，深化体制机制改革已是迫在眉睫。

（一）坚持目标引领，是深化体制机制改革的前提

习近平总书记强调，"要扎实抓好县级融媒体中心建设，更好引导群众、服

务群众"。中办、国办印发的《关于加快印发推进媒体深度融合发展的意见》明确，要坚持正确方向，坚持一体发展，坚持移动优先，坚持科学布局，坚持改革创新，推动传统媒体和新兴媒体在体制机制、政策措施、流程管理、人才技术等方面加快融合步伐，尽快建成一批具有强大影响力和竞争力的新型主流媒体。习近平总书记为媒体融合发展指明了方向，为深化改革提供了遵循。对照"主流舆论阵地、综合服务平台、社区信息枢纽"的功能定位，县级融媒体中心建设将打通媒体融合的"最后一公里"、连接群众的"最后一公里"、基层治理的"最后一公里"，成为新时代治国理政新平台。然而，根据行业调研，不少县级媒体仍在沿用传统媒体的体制机制，在推动融合发展时并未同步推进体制机制实质性改革和落实配套性政策，仍然是"穿新鞋走旧路""用新瓶装旧酒"，这样的体制机制难以适配媒体融合发展。建强用好县级融媒体中心，必须用改革的思想、创新的办法来重塑体制机制。

（二）坚持问题导向，是推动体制机制改革的关键

党的十八大以来，习近平总书记多次强调："要坚持问题导向，坚持底线思维，把问题作为研究制定政策的起点，把工作的着力点放在解决最突出的矛盾和问题上。"当前，我国县级融媒体中心建设尚处于摸索阶段，面临诸多困难和问题，具体表现为：历史包袱重，技术原创性弱、使用不熟练，经营创收模式单一、造血功能弱，吸引人才、留住人才难，改革动力不足等。县级融媒体中心存在这些问题产生的根源，症结就在体制机制僵化。

昆山市融媒体中心在融合之初，也面临着一系列迫切需要解决的问题，比如，原报社、广电两个单位人员身份复杂，光企业员工身份就有多种，导致薪酬结构多样，因身份不同造成薪酬标准差距很大；媒体平台分散，没有形成矩阵，服务性、互动性较弱，造成用户黏性不强、活跃度不高，粉丝基数仅为昆山本土自媒体大号的一半，新闻舆论的传播力引导力影响力公信力不强；传媒资源聚合不够，创收模式单一，自身造血能力不足，原报社、广电政务类经营收入逐年下滑，商务类收入断崖式下跌。比如，2019年原报社经营收入同比下降33.45%，原广电经营收入同比下降16.04%；专业人才匮乏，县融作为基层媒体，面临引不进人才、留不住人才等诸多问题，成立前两年，原报社、广电共流失骨干人才30多名。同时，很难招到符合媒体融合发展需求的高层次人才。分析这些问题产生的根源，症结就是体制机制僵化。

（三）把握融合趋势，是破解体制机制难题的密码

习近平总书记强调，全媒体不断发展，出现了全程媒体、全息媒体、全员媒体、全效媒体，信息无处不在、无所不及、无人不用，导致舆论生态、媒体格局、传播方式发生深刻变化。当前，县级媒体旧有的新闻传播体制机制与管理模式，与我国媒体融合发展的新环境、新生态、新要求已经很难相匹配，迫切需要传统主流媒体强化互联网思维，创新体制机制，积极主动转型，着力深化内部架构和策采编审发流程改革，建立适应移动互联网传播的组织架构和工作机制，形成集约高效的内容生产和全媒体传播体系，把更多优质内容、先进技术、专业人才、项目资金向互联网主阵地汇集，推动主力军全面挺进主战场。

我们深深地体会到：创新才有希望，改革才能发展，转型才有明天，机制一变天地宽。解决这些突出问题，必须花大力气对原有体制机制进行改革，以现代传媒集团的先进理念重构组织架构，以专业为导向建立灵活动态的岗位管理体系，以激励为导向构建市场化薪酬绩效体系，最大化激发组织和人才活力。

二、实践和探索

面对融合初期复杂困难局面，昆山市融媒体中心成立后大胆改革、创新突破，以"事业单位企业化管理、市场化激励"，从顶层设计、组织、流程、岗位、薪酬与绩效等全方位重塑企业化管理运行体系。通过巧用"加减乘除"法，尝试解锁媒体融合化学反应"方程式"，激发融合一池活水。

（一）在人员激励上做"加法"

以事业单位企业化管理为突破口，创新探索"身份进档案、保障按身份、绩效看考核"模式，实施"机会、成就、报酬"三位一体的人才激励政策。一是机制创新"增加"活力，组织管理从行政化到企业化转变。以现代传媒集团的先进理念重构组织架构，成立全媒体指挥中心等六大中心，实施差异化管理、一体化运作，形成有昆山融媒特色的全媒体融合发展组织架构。实行项目制、工作室、事业部等创新性运营模式，赋予创新团队必要的人财物及经营自主权，落实责权利配套，实现资源高效配置。比如，在2021年成立琼花影视工作室，依托融媒品牌优势、创作经验和人才资源，积极开拓市场，全年共完成宣传片50多部，实现创收1000万元，人均创收突破120万元，人均获奖励超8万元。二是人事改革"增加"动力，人员管理从身份化到岗位化转变。一方面，淡化身份管理，打破事业身份限制，在职期间与企聘员工同等考核激励。另一方面，打破事业僵化模式，建立现代化企业岗位管理体系，实施"核岗定编、以岗定薪、同工同酬"，引入竞聘、双选、待岗等竞争上岗机制，建立岗位能上能下、人员能进能出、薪酬能高能低的动态管理模式。实施年轻人才"琢玉计划"储备优秀后备干部，实施优秀骨干"匠心计划"，鼓励一线专业人才深耕业务，打造新型主流媒体"硬核队伍"。三是考核分配"增加"效力，薪酬绩效从事业化向市场化转变。建立市场化薪酬管理制度，构建"以岗定薪、同工同酬、量化考核、多劳多得、优劳优得"的市场化薪酬体系，推动薪酬向一线员工、重点岗位、核心骨干、创新团队、移动优先项目等倾斜，让吃苦者吃香、优秀者优先、有为者有位。建立经营单元弹性薪酬预算模式，试行项目工分制，落实全员工效挂钩的薪酬分配机制，实施同工同酬与同岗同绩效管理。创新绩效管理模式，制定全员绩效考核方案。逐级放权考核，实施"两级考核二次分配"制度，在岗位晋升方面增设"首席、资深"专业通道，核发专业津贴。通过开门搞改革，在第一届第一次职工代表大会上，以98.5%的赞成率高票通过薪酬与绩效改革方案。

（二）在历史包袱上做"减法"

在融合之初，原报社、广电还存在部分产能落后、机构相对臃肿、流程较为冗繁、人员普遍老化的现实问题，成为沉重的历史包袱，必须消肿减负、破旧立新、甩掉包袱、轻装上阵。一是主动减少落后产能。昆山市融媒体中心通过关停并转一批受众少、影响弱的栏目版面，坚决淘汰落后产能。先后将报纸周七刊压缩为周六刊、每周版面数从48个缩减至36个，撤并《网罗鹿城事》等部分收视率不高的广播电视栏目，集中优势力量和精英团队挺进互联网主战场。二是果断减少管理层级。以全媒体思维优化运行模式，实行编辑委员会、技术委员会、经营管理委员会扁平化管理模式，建立常态化的沟通协商机制，打破中心和部门界限。精简部门科室，将原新闻采访一部、二部、三部整合成全媒采访部，将原报纸编辑部、新媒体编辑部、广电编辑部整合成全媒编辑部。通过压缩层级精简流程，管住重点轻装上阵，大幅提升组织效率。三是合理减少部门"冗员"。在媒体转型升级过程中，面临人才引不进、养不住，能干的流失多、混日子的不肯走的窘境，沉淀下来的冗员过多，年龄结构老化、业务技能单一、畏难情绪较重。昆山市融媒体中心在全面摸底的基础上分类施策，通过走出去、请进来、内部学等多种形式，加强业务培训，提升能力水平，推动人员转型，对仍不适应岗位的人员放入"待岗池"。通过竞聘上岗等形式，大力选拔年轻干部，消化年纪偏大的"冗员"，加快形成有利于人岗匹配的使用机制、有利于竞相成长的激励机制，实现人尽其才、才尽其用、用当其时。

（三）在战略驱动上做"乘法"

以"跳出媒体看媒体"的全新视角，研究加快媒体深度融合的举措，通过战略驱动、目标引领，促成融合的几何级乘数效应。一是深化移动优先战略。推动主力军全面挺进主战场，加大技术创新、人才培养与新媒体平台建设方面投入，全力打造第一昆山客户端，将客户端建设作为中心战略核心，重点打造自主可控的"媒体+政务服务商务"平台。目前，客户端设有政务服务、生活服务、社会治理三大服务专区，为用户提供掌上政务、掌上教育、交通出行、医疗健康等涵盖生活方方面面的服务，打造24小时不打烊"数字政务"平台，上线一年来APP下载量突破125万，注册用户数超40万。比如，在疫情期间，开发上线"昆山抗疫24小时实时动态播报"一站式"新闻+服务"平台，实现24小时滚动图文直播，及时发布最新通告、辟谣、热点问答等动态信息。上线"疫情防控金点子"活动征集入口，为市民参与防疫、贡献智慧提供平台，专区每天留言上千条。开设"网络谣言曝光台"，针对网络谣言进行官方辟谣，累计阅读量突破100万+。二是布局"传媒+"产业集群战略。基于本地和全国市场，通过完善产业链规划设计，整合可经营资源，布局前沿平台项目，提升可持续发展能力。通过借力工程、资产重组等方式，组建文化传播、影视发展、才艺培训、资产管理、商贸服务、数字传媒六大子公司，开展多业态运营，积累产业化经验，做好"媒体+产业"文章。三是探索"1+N"媒体区域生态链战略。创新在各区镇设立融媒品牌工作室，试行县级融媒体中心与多个区镇融媒工作室联动的"1+N"架构模式，由中心派驻人员常态化对接区镇宣传与服务等方面需求，下沉基层一线，实现"24小时一直在现场"，成为"上连党心、下接民心"的聚合型融媒体平台。

（四）在壁垒打破上做"除法"

融合之初，面临着原两个单位人员交叉混岗等一系列问题，业务"单打独斗"，削弱了全媒传播的效果。三年来，中心通过深化体制机制改革，破除壁垒，让"两张皮"变"一盘棋"，让"两家人"变"一家人"：一是破除平台壁垒。打通广播、电视、报纸、网站、移动端各平台，形成"报、台、网、端、微、屏"融合传播矩阵，推动采编力量向新媒体集中、向移动端聚合。二是破除业务壁垒。重构"策采编审发"流程，提升运行效率，使"报、台、网、端、微、屏"做到差异化传播，形成"统一策划、一次采集、多次生成、多元发布、全媒传播"的流程格局。三是破除制度壁垒。在架构整合基础上重构制度体系、完善运行机制，设计全新的运作流程，确保新闻生产的"第一滴水"落在移动端，其他平台梯度传播，持续推进新闻呈现方式从"跃然纸上"到"移动指尖"，使新闻内容发布时效更强、覆盖更广、效果更好。四是破除思想壁垒。打造"员工幸福"和"文化品牌"工程，通过统一文化理念、开展关爱行动，凝聚发展共识、破除思想隔阂，提升员工幸福指数，营造"一家人一起拼"的文化氛围。

三、成效和启示

昆山市融媒体中心经过三年的探索实践，走出了一条遵循规律、独具特色的媒体融合之路。所取得的阶段性成效，有赖于较好地处理了引导群众和服务群众的关系、社会效益和经济效益的关系、体制机制改革和队伍建设的关系、内容与技术的关系等等。现结合具体探索实践，尝试做一些规律性总结，供学界和业界参考。

（一）融得好不好，关键要看能否赢得"两个满意"

县级融媒体中心肩负着"上连党心、下接民心"的神圣使命，只有在党委政府和市民群众两个满意中，才能检验"融"的成效。三年来，昆山市融媒体中心坚持围绕中心、服务大局，坚持面向基层、服务群众，让党委政府满意、让人民群众满意：一方面，在聚焦主责主业上，紧紧围绕党委政府中心工作，用心做好每项宣传、编好每条微信、出好每份报纸、办好每档栏目，用更多有速度、有深度、有思想、有温度、有品质的融媒精品，更好地传播党的政策主张，更好地宣传市委市政府的决策部署，获得党委政府和市民群众的认可：成立以来，昆山市委市政府主要领导先后多次调研融媒体中心，作出指示、批示；市委常委会、市委深改委会议多次研究推动媒体融合发展相关措施，并出台相关扶持政策；昆山市融媒体中心建设成效连续三次写入昆山市委全会报告；"坚持党管媒体，高标准推进融媒体中心建设，全媒体传播体系已经形成，主流媒体的传播力、引导力、影响力、公信力显著提高"写入昆山市第十四次党代会报告；2020年和2021年连续两年在全市综合考核中被评为第一等次。另一方面，在走好群众路线上，以更好引导群众、服务群众为宗旨，为市民群众提供高质量的文化产品和服务，不断增强市民群众的获得感、幸福感、满意度。第一昆山APP生活服务功能不断优化，掌上政务、掌上教育、掌上医疗等服务内涵进一步延伸，为用户提供刚需高频的掌上服务应用场景，基本实现"一端在手，办事无忧"，在宣传引导和服务群众方面效果凸显，上线一年下载量突破120万，注册用户数超40万，获评2021区域融媒创新发展最佳客户端TOP10。连续多年精心承办广场舞大赛，吸引1200支队伍2万名市民参赛，成为昆山具有较高知名度和美誉度的群文品牌活动，被列入2021年"我为群众办实事"市级重点项目。大赛选拔组成的昆山琼花广场舞队多次代表昆山和苏州参加江苏省广场舞大赛，并获得省一等奖。活动通过网络投票、现场直播、短视频拍摄等全媒体传播形式吸引市民广泛关注，在线收看人数最高达20万人，广场舞大赛成为连接政府和群众的有效纽带和重要平台。

（二）融得好不好，关键要看能否实现"两个效益"

媒体具有事业和产业的"双重属性"。县级融媒体中心要实现可持续发展，不能一味靠财政扶持，必须增强自我造血功能，奔向市场创造更大价值。2021年，全国县级融媒广告营收下滑50%—60%，一些发达地区县级融媒经营创收也不容乐观。如何破造血能力之难，增创产业经营新优势？昆山市融媒体中心以"跳出媒体看媒体"的视角，不断提升"媒体+政务服务商务"的能力，努力实现经济效益和社会效益"双丰收"。一方面，通过承办重大活动，打响融媒品牌。以集团整体品牌建设为核心，更大力度向垂直细分领域拓展，打造全市"第一政务服务平台""媒体活动第一品牌""第一直播平台"等，形成明显的区域头部平台效应，利用媒体人的品牌和资源优势去赚互联网时代的钱。比如，立足本土市场、精准发力，在大型活动承办上从零开始快速成长，打造了一支能打硬仗的攻坚团队，成功举办对话"昆山之路"、"中国—中东欧国家合作新春晚会"、"五五购物节"、"双12苏州购物节"昆山狂欢购等系列活动，其中"中国—中东欧国家合作新春晚会"是2020年中国与中东欧国家开展的最大规模的一次外事文化交流活动，晚会在中央广播电视总台环球奇观频道、外语频道、中国国际广播电视网络台等国家级媒体进行播出，为高质量的国际文化交流和传播创造良好氛围，打响融媒活动品牌，赢得了社会各界的好口碑，2021年承办活动创收超2000万元。另一方面，通过探索多元经营，增强造血功能。基于媒体主业与自身优势资源，运用好"体制内市场"，向融合经营要增量，持续做好"媒体+产业"文章：在公共服务上，建立多平台政务服务矩阵，全力做好区镇、部门服务工作；复制琼花影视工作室模式，推出多个个性化政务服务工作室；在产业发展上，搭上电商经济快车，开设"八八九商城"电商平台，打造昆山传媒电商直播基地；成立"昆山传媒少年新闻学院"，精准对接校企培训合作；和周庄镇、互联网头部企业等开展合作，打造影视剧拍摄、制作等全产业链服务平台；与鲲众云计算科技有限公司签订合作协议，在数字传媒、智慧媒体建设、文化产业发展等方面加强合作。

（三）融得好不好，关键要看能否激发"两个活力"

机制活则人才兴，人才兴则事业旺。体制机制改革，关键在做好"人"的文章。当前，全国各地县融普遍存在人才结构性矛盾，干事缺人，后继无人，昆山也不例外。如何破解人才结构性矛盾？昆山市融媒体中心通过推进一系列综合性改革，体制机制活力充分释放，人才队伍活力竞相迸发。一是精准增量补"短板"。昆山建立了面向全国招聘优秀媒体人才常态机制，根据岗位需求，实施精准招聘，特别是针对优秀紧缺人才，设置特殊岗位，一事一议、一人一策。二是用好存量扬"长板"。推动实施年轻人才"琢玉计划"，通过自主报名和推荐上报，严格遴选出具备后备干部潜质的"85后"年轻员工，加入人才储备库；启动骨干人才"匠心计划"，从1985年前出生的骨干员工中选出菁英人才，纳入后备干部库，使专业人员结构、数量、素质更趋合理；实施"末位待岗"，精简人员、淘汰冗杂和提高效率，倒逼人员转型。三是人心融合固"底板"。实施"员工幸福"工程，通过建设企业文化、举办专业培训、开展关爱行动，不断改善员工成长和工作生活条件，提升员工幸福指数，加速人心融合，催生化学质变，让一个个想干事、能干事、干成事的人脱颖而出，使人才引得来、留得住、用得好。在系统化改革举措的驱动下，昆山市融媒体中心干部职工的精气神发生了根本性变化。想干事的人更多了，从领导班子成员到普通员工，每个人都在转型变化，比激情、比创意、比精品、比贡献，赶、学、转、帮蔚然成风，特别是新闻队伍，从之前技能单一的传统型采编人员向一专多能的全媒体采编人员全面转型，涌现出一批"提笔能写，对筒能讲，举机能拍"的全媒体记者。在琼花工作室负责人的竞聘过程中，原广电一名很"佛系"的女编导踊跃报名参选，在众多竞争对手中脱颖而出，她深有感触地说，正是受融合改革激发感染，才再次有了站到前台的冲劲。中心一位员工在融媒大讲坛上讲课，连后边过道都挤满人。这位员工说，这种成就感、满足感只有中心这个平台才能提供。想留下的人更多了，从数据上看，中心成立前的2017年、2018年各离职13人、18人，成立时的2019年离职11人，2020年仅离职1人；想加入的人更多了，2021年引进各类人才20多人，其中不乏凤凰卫视、人民网、浙江广电集团、华为公司等大报大台名企的骨干人才。目前，"一家人一起拼"正成为昆山融媒最鲜明的特色、最亮丽的底色。

（四）融得好不好，关键要看能否实现"双轮驱动"

县级媒体中心建设，内容与技术互为支撑、相互融合，共同构成核心竞争力。昆山市融媒体中心在深化体制机制改革的过程中，始终把内容建设和技术引领摆在重要位置，以内容和技术赢得发展优势，实现"双轮驱动"。在内容生产上，充分发挥考核指挥棒作用，设立精品工作室，打造"昆小融"IP，持续深化内容生产供给侧结构性改革，扩大优质内容产能，创作更多精品力作：在2020年各级各类好新闻评比中共斩获省级以上奖项19个，在2021年"江苏好新闻"评选中，荣获1个一等奖、5个二等奖和2个三等奖，获奖数量和层次名列全省县级融媒体前茅；2022年一季度，昆山发布微信公众号累计推送微信549条，总阅读量突破4700万，其中10万+微信达112条，最高单条阅读量突破200万，新华社新闻信息中心、新华社县级融媒体研究中心首次联合发布的2022年一季度县融中心优秀案例榜单中，昆山市融媒体中心荣获全国县融中心综合影响力优秀案例TOP10、全国县融中心爆款创作优秀案例TOP10、全国县融中心核心报道优秀案例TOP10三个奖项；在央视、央广、《人民日报》、新华社、中新社等国家级平台发稿500多篇次，其中《新闻联播》14篇。在新技术应用上，组建数字传媒公司，依托荔枝云平台和媒资数据中台，探索将人工智能运用在新闻采集、生产、分发、接收、反馈中，用主流价值导向驾驭"算法"，构建智能化、全媒体传播体系。加强对云技术、大数据、4K/8K、5G、人工智能等技术在全媒生产领域的深度应用，丰富传播形态、传播样式，给优质的融媒产品插上科技的翅膀。

媒体融合发展只有进行时，没有完成时。下一步，昆山市融媒体中心将认真落实中央关于加快推动媒体融合发展的要求，按照打造主流舆论阵地、综合服务平台、社区信息枢纽的功能定位，探索更能释放县融发展潜能的体制机制，全力做好媒体融合"后半篇文章"，朝着"主流声音洪亮、传播渠道多样、融合个性鲜明、管理科学规范"的新型主流传媒集团迈进。

（作者左宝昌为昆山市融媒体中心党委书记、主任，昆山传媒集团董事长、总经理）

借"东风"改革破冰 抢"C位"率先融合
——县级融媒体中心改革发展的"昆山实践"探析

《城市党报研究》2020年6月12日

顾彩芳

2018年全国宣传思想工作会议上，习近平总书记明确指出，"要扎实抓好县级融媒体中心建设，更好引导群众，服务群众"。按照习近平总书记的指示要求，全国县级融媒体中心组建工作相继拉开大幕，百舸争流。

作为中宣部重点联系推动、江苏省首批建设的县级融媒体中心，昆山市融媒体中心自2019年8月12日揭牌成立以来，解放思想、改革攻坚，统筹推进媒体融合发展各项工作，稳步开展组织架构重设、薪酬考核重建、业务流程再造、传播平台整合等重点工作，得到了各级宣传部门及中央媒体的关注和肯定。2019年12月26日，中宣部《每日要情》刊发《江苏昆山高标准推动县级融媒体中心建设》；2019年12月14日，新华网推出专题报道《融媒"昆山号"破冰远航》。

善弈者谋势，善谋者致远。植根于连续15年综合实力雄居全国百强县（市）第一位的昆山市，昆山市融媒体中心（传媒集团）在没有现成经验可借鉴、没有成熟模式可套用的情况下，率先启航"融媒号"，将习近平总书记的重要指示精神化为媒体融合改革的实际行动，勇敢地担负起为全国更多县级融媒体中心建设探路的重任！

一、加强顶层设计，找准破解难点"密钥"

单位性质不一样、平台建设要求不一样、人员结构不一样、考核管理办法不一样，面对媒体融合改革的时代考卷，昆山市融媒体中心（传媒集团）组建伊始，问题重重、举步维艰。改革愈推进，深层次矛盾和问题愈多，而找到破解难点的"密钥"至关重要。

这个"密钥"是什么？是创新。创新思维、创新手段、创新流程。穿老鞋肯定无法走新路。其中最关键的，就是做好顶层设计。

为此，昆山市融媒体中心（传媒集团）在市委市政府的坚强领导下，立足改革目标、发展定位实施顶层设计，主要做了以下几方面工作：

构建推动改革深入的"最强合力"。在市委、市政府主要领导的支持下，昆山成立由市委、市政府主要领导挂帅的融媒体改革领导小组，高点定位、统一指挥改革事宜。同时，建立联席会议制度，组织、人社、财政等部门定期会商改革进程中遇到的困难，现场办公，现场解决。

寻求化解矛盾困难的"绿色通道"。在市委宣传部的指导下，昆山市融媒体中心勇闯"无人区"，牵头起草《关于加快昆山媒体融合改革发展高标准做好全国县级融媒体中心试点工作的若干意见》，并报经市委常委会会议审议通过，其中多项措施都是首创，直接解决一批长期以来制约媒体融合发展的痛点难点问题。之后，昆山市融媒体中心确立了全媒体指挥中心、技术中心、行政中心、公共服务中心、产业发展中心五大中心的全媒体融合发展组织架构，机构、人事、财政、薪酬等方面改革措施加速推进，为高标准建设县级融媒体中心提供了支持和保障。

组建借力改革的"高级智囊"。去年成立至今，昆山市融媒体中心主要负责人率队主动赴清华大学、新华报业传媒集团、江苏广播电视总台学习取经，寻求建立合作关系，随时汲取前沿知识和经验；与上海第三方专业咨询机构建立战略合作关系，在管理架构、薪酬体系等方面，聘请专业机构协助制定相关管理办法和考核方案。

二、创新激励机制，释放人才创新"源泉"

媒体从"相加"变"相融"，需要一个加快适应、主动融合的过程。但是，对传统媒体的采编人员来说，如何拥抱"融媒体"，还或多或少存在着基于"本领恐慌"引发的不情愿、不主动心理，对建设什么样的融媒体中心、怎么样建设县级融媒体中心的研究不透彻、思路不清晰。与此同时，县级融媒体中心还面临着人才结构不合理、人才流失严重、优秀人才引不进留不下等问题，深陷人才困境。

习总书记指出，"我们现在所处的，是一个船到中流浪更急、人到半山路更陡的时候，是一个愈进愈难、愈进愈险而又不进则退、非进不可的时候"。对于基层新闻单位的媒体人来说，组建县级融媒体中心也正处在破冰攻坚的关键时期，遭遇艰险不可避免，碰到难事不可避免。惟其艰难方知勇毅，惟其磨砺始得玉成，正可谓越是难干越显担当。

创新机制激发融合力。为了打破"进一家门，说两家话"主观隔阂问题，昆山市融媒体中心以事业单位企业化运作为突破口，积极推进体制机制创新、运作模式再造，深化人力资源、薪酬体系、绩效考核等综合性改革。在人事薪酬机制上，建立了一整套以岗位责任与业绩考核为依据的薪酬分配制度，坚持"企业管理、以岗定薪、量化考核、多劳多得"，做到"同岗同责、同工同酬，岗变薪变、动态管理"，实现从"身份管理"向"岗位管理"转变。在人才队伍建设机制上，实行人才选拔双轨晋升机制，进一步激发员工干事创业的积极性、主动性和创造性。

让平台成为竞争的舞台。昆山市融媒体中心围绕"引导群众、服务群众"总目标，通过再造策采编审发流程，构建全媒体传播格局，讲好高质量发展的"昆山故事"，不断提升新闻舆论传播力、引导力、影响力、公信力。以昆山日报社、昆山电视台、第一昆山微信公众号、昆山发布微信公众号、视听昆山APP为框架，构建融媒矩阵，以"一次采集、多次生成、多元发布"为出发点，形成科学有效的考核方案，贡献多者多得、不贡献者不得，从而促进每一个人自觉相融、自觉向全媒体转型。各平台之间"各自为政、利益固守"的弊端随之顺利冲破。

今年以来，昆山市融媒体中心（传媒集团）从平台功能完善到记者积极性发挥再到形成立体宣传声势，各方面均发生了一系列积极变化。

首先是平台实现差异化传播。做到了平台互通互补，实现了1+1+1>3效应。报纸进一步强化深度报道和评论言论，广播电视节目在优化整合基础上重点打造一批品牌栏目，新媒体在做精做优内容的同时不断提升快速响应能力。

其次是主题宣传出新出彩。围绕中心、服务大局，坚持政治性、突出思想性、增强实效性，融媒体中心策划推出系列主题报道。去年，围绕庆祝新中国成立70周年和昆山撤县设市30周年主题主线，以及推进现代化建设试点、产业科创中心建设、高质量发展等中心工作，坚持政治性、突出思想性、增强实效性，策划推出系列主题报道，为昆山全力打造社会主义现代化建设标杆城市提供强大的舆论支撑。今年1月至4月23日，市融媒体中心已经在央视、人民日报、央广、新华社、中新社等国家媒体平台发稿34篇，其中《新闻联播》4条、《焦点访谈》1条、《新闻和报纸摘要》4条；江苏省级媒体平台发稿175篇，其中《江苏新时空》26条；《联播苏州》218条、《苏州新闻》64条；"学习强国"发稿83篇。

再次是移动优先凸显成效。在今年抗击新冠肺炎疫情宣传报道中，昆山市融媒体中心迅速启动应急预案，科学调度采编力量，集中优势兵力向新媒体移动端倾斜，新媒体发稿统计数据位居苏州各市（区）前茅。今年1月25日至4月20日，"昆山发布""第一昆山"累计推送涉及疫情防控和夺取"双胜利"微信600多条，总阅读量超过1100万，其中30篇推文阅读量达到10万+，单条阅读量最高近80万。在苏州市县区微信排行榜（政务类）中，"昆山发布"连续五周稳居榜单首位。

三、创新党建引领，强化媒体融合"黏性"

从"两个屋子"搬进"一个屋子"，只是物理融合，要产生更多"化学反应"，必须有高效的"催化剂"。昆山市融媒体中心（传媒集团）成立党委，创新党建引领，牢固确立"党媒姓党"思想，不断激发人才队伍的责任担当、干事创业激情，不断增强媒体融合"黏性"。

开展"三问三做"活动，让每个人置身改革最中心。融媒体中心党委在主题教育中创新开展"三问三做"活动：扪心自问，作为一名中共党员，是否比其他同志做得好？做就要做"十带头"的积极践行者；扪心自问，作为一名媒体人，是否还有刚入行时激情与梦想的"初心"？做就要做一名有情怀、有理想、有社会责任感的新闻人；扪心自问，作为一名中层干部，是否履行了自己的使命和担当，是否真正发挥了应有的作用？做就要做一名敢担当、善作为、能创新的好干部。各支部通过"三会一课"展开热烈讨论，党员同志认真检视反思，深刻查找问题，明确改进措施，为媒体融合凝聚了强大合力。

搭建干事创业的舞台，树立鲜明的用人导向。去年11月以来，融媒体中心党委组织实施内部五大中心中层正职竞聘上岗工作，让真正的人才流动起来，让人才找到真正适合自己的岗位，真正实现从人员集中办公的"物理融合"向组织、业务、流程一体化运营的"化学融合"转变，并且全流程向大家公开，欢迎社会各界观摩，在全市产生了积极反响。

建立"行动支部"，争做媒体融合的"热血尖兵"。去年8月，昆山市融媒体中心全媒采访行动支部、全媒编辑行动支部、新媒体行动支部、主持人行动支部、全媒技术行动支部、全媒产业行动支部六大行动支部成立并接受授旗。六大行动支部充分发挥党员先锋模范作用和战斗堡垒作用，以实际行动践行担当使命，讲好"昆山故事"。在今年抗击新冠肺炎疫情中，全体采编人员开启"战时"模式，党员模范带头、主动担当，冲锋在疫情防控第一线，综合运用线上线下多种形式，广泛宣传各项疫情防控举措以及健康科普知识，大力宣传市委市政府支持中小企业共渡难关、精准推动企业有序复工复产的各项支持政策，生动讲述防控一线"先锋时代新人"的感人事迹，挖掘报道"凡人善举"的大爱无疆，鼓舞社会各界抗击疫情的信心和斗志，凝聚起昆山人民团结一心、同舟共济、众志成城的强大力量。其间，带动15人火线提交入党申请。

惟改革者进，惟创新者强，惟改革创新者胜！已经驶入改革攻坚"深水区"的昆山"融媒号"航船，目前正在按照打造主流舆论阵地、综合服务平台、社区信息枢纽的功能定位，狠抓传播管理体系优化、策采编发体系重构、多元传播矩阵贯通、传媒大厦规划建设等重点工作，以时不我待的紧迫感和使命感，占领信息传播制高点，打造形态多样、手段先进、具有竞争力的新型主流媒体，努力走出一条与当地高质量发展相匹配的媒体融合发展之路，向打造一流的县级融媒体中心迈进！

（作者顾彩芳为昆山市融媒体中心原总编辑）

第六篇章

融媒交流

一个人可以走得快，一群人才能走得远。

6

2020 年

●1月6日，江苏省无锡广播电视集团来中心（集团）交流考察；

●1月8日，浙江省杭州市萧山区融媒体中心来中心（集团）交流考察；

●4月9日，江苏省溧阳市融媒体中心来中心（集团）交流考察；

●4月14日，浙江省慈溪市融媒体中心、慈溪市广电学会来中心（集团）交流考察；

●5月18日，江苏省广播电视局来中心（集团）考察；

●5月19日，江苏省太仓市融媒体中心来中心（集团）交流考察；

●5月27日，浙江省杭州市余杭区融媒体中心来中心（集团）交流考察；

●6月18日，安徽省马鞍山市烟草专卖局来中心（集团）交流考察；

●6月28日，上海浦东新区融媒体中心来中心（集团）交流考察；

●7月17日，南京大学丁和根教授一行来中心（集团）交流考察；

●7月20日，新华日报交汇点来中心（集团）交流考察；

●9月15日，东阳哈哈影业有限公司前来中心（集团）洽谈影视业务；

●10月21日，苏州日报社来中心（集团）交流考察；

●11月11日，山东省寿光市融媒体中心来中心（集团）交流考察；

●12月10日，湖南省浏阳市融媒体中心来中心（集团）交流考察；

●12月18日，广东省佛山日报社来中心（集团）交流考察；

●12月23日，四川省峨眉山市委宣传部来中心（集团）交流考察；

●12月24日，山东省诸城市融媒体中心来中心（集团）交流考察。

2021 年

● 1月27日，江苏省无锡报业集团来中心（集团）交流考察；

● 3月17日，江苏省苏州工业园区宣传和统战部来中心（集团）交流考察；

● 3月19日，山西省忻州市委宣传部来中心（集团）交流考察；

●3月30日，长三角少儿科艺研学基地中国直播电商研究院乡村分院来中心（集团）交流考察；

●4月13日，江苏省广播电视总台市县融媒体工作部来中心（集团）交流考察；

●4月16日，浙江省桐乡市融媒体中心来中心（集团）交流考察；

●4月22日，广东省新闻工作者协会来中心（集团）交流考察；

●5月6日，山东省烟台日报社来中心（集团）交流考察；

●5月10日，江苏省广电总台来中心（集团）交流考察；

●5月21日，天津市静海区融媒体中心来中心（集团）交流考察；

●5月28日，江苏省新沂市融媒体中心来中心（集团）交流考察；

●6月3日，江苏省委网信办来中心（集团）指导工作；

●7月9日，江苏省靖江市融媒体中心来中心（集团）交流考察；

●7月22日，江苏省广播电视局媒体融合发展处来中心（集团）考察调研；

●9月7日，国家广播电视总局监管中心来中心（集团）调研应急广播工作；

●9月17日，上海广播影视制作行业协会来中心（集团）洽谈合作；

●9月24日，上海人民广播电台长三角之声来中心（集团）洽谈合作；

●9月29日，中国人民大学宋建武教授团队来中心（集团）考察调研；

●10月9日，昆山市江西商会来中心（集团）交流考察；

●10月12日，江苏省南京江宁区融媒体中心来中心（集团）交流考察；

●10月13日，河南省鹤壁市日报报业集团、鹤壁市广播电视台来中心（集团）交流考察；

●10月15日，浙江长兴县融媒体中心来中心（集团）交流考察；

●10月25日，山东省容城县委宣传部来中心（集团）交流考察；

●11月13日，浙江安吉县融媒体中心来中心（集团）交流考察；

●12月10日，湖南省浏阳市融媒体中心来中心（集团）交流考察。

2022 年

●1月12日，山东省胶州市融媒体中心来中心（集团）交流考察；

●1月19日，江苏省无锡市惠山经开区党群工作部来中心（集团）交流考察；

●7月18日，内蒙古乌海市海勃湾区融媒体中心来中心（集团）交流考察；

●8月4日，新东方教育文化产业基金来中心（集团）参观调研；

●8月4日，江苏省太仓市融媒体中心来中心（集团）交流考察；

●8月19日，扬子晚报苏州站来中心（集团）洽谈媒体合作和业务交流；

●9月7日，江苏省广播电视局来中心（集团）开展纪录片扶持计划项目现场指导；

●9月27日，北京奥丁信息科技有限公司来中心（集团）洽谈交流；

●11月10日，江苏省泰兴市融媒体中心来中心（集团）交流考察；

●11月16日，巨星传奇集团来中心（集团）洽谈交流；

●11月17日，江西省抚州市融媒体中心来中心（集团）交流考察；

●11月20日，中国红十字基金会来中心（集团）考察调研。

2023 年

●1月13日，河南省新郑市委宣传部来中心（集团）交流考察；

●2月15日，"工业元宇宙协同发展组织"专家组来中心（集团）交流考察；

●2月16日，新华社江苏分社来中心（集团）指导工作；

●2月24日，山东省巨野县宣传系统来中心（集团）交流考察；

●3月2日，上海市嘉定区融媒体中心来中心（集团）交流考察；

●3月7日，江阴市融媒体中心来中心（集团）交流考察；

●3月10日，江苏省苏州市相城区融媒体中心来中心（集团）交流考察；

●3月13日，安徽省马鞍山市宣传系统来中心（集团）交流考察；

●3月15日，山东省东营市经开区人力资源部来中心（集团）交流考察；

●3月16日，江苏省南通日报社来中心（集团）交流考察；

●3月17日，江苏省张家港市融媒体中心来中心（集团）交流考察；

●3月27日，磐石信息技术股份有限公司来中心（集团）洽谈合作；

●3月29日，广西日报文化传媒集团来中心（集团）交流考察；

●4月12日，硅基智能科技有限公司来中心（集团）洽谈合作；

●4月14日，江苏省海安市融媒体中心来中心（集团）交流考察；

●4月25日，苏州市局广电处来中心（集团）指导工作；

●4月25日，江苏省灌南县融媒体中心来中心（集团）交流考察；

●5月10日，广东省云浮市宣传系统来中心（集团）交流考察；

●5月16日，江苏省淮安市淮阴区融媒体中心来中心（集团）交流考察；

●5月24日，江苏省苏州市爱建办来中心（集团）进行座谈交流；

●6月1日，江苏省苏州广播电视台、苏州轨道交通集团来中心（集团）召开直播策划会；

●6月20日，江苏省委宣传部来中心（集团）进行县级融媒体中心高质量发展专题调研；

●9月18日，江苏省版权示范单位检查组来中心（集团）考察验收版权工作；

●11月13日，江西省九江市融媒体中心来中心（集团）交流考察。

抵达，是为了更好地出发（后记）

左宝昌

成功的花，人们只惊慕她现时的明艳。对过程的刻骨铭心，只有陪伴花开的人。

我们曾经的筚路蓝缕，会像很多互联网上的故事一样，逐渐被时间淹没。但，我们还是要留下一些东西，是对我们过去的付出留下一点痕迹，也为后来人提供一份参考。因为，这个故事里，有你、有我、有大家。一代人有一代人的长征，"昆山之路"也从来没有顺风顺水，爬坡过坎是常有的事。我们走过的足迹，至少可以印证，我们没有辜负波澜壮阔的时代，我们让昆山市融媒体中心终与这座城市相匹配！

媒体融合，这是时代的命题。我们坚持以习近平新时代中国特色社会主义思想为指导，深刻理解新时代媒体融合内涵，勇担使命，勇立潮头。探索路上，面对一个个"无人区"，在昆山市委、市政府的坚强领导下，我们追光而行，步履坚定。

回首五年媒体融合改革历程，无数难忘的瞬间如泉涌呈现。没有成熟的经验可以借鉴，我们一次一次外出取经学习，走遍全国各地；没有时间可以等待，我们"开着车子换轮胎"，一边忙改革，一边忙发展；面对县融改革中普遍存在的"钱从哪里来、机制怎么建、人心怎么融"三大难题，在市委市政府的坚强领导下，我们大胆闯大胆试，硬是用"三把辛酸泪"浇灌出了一朵朵"幸福花"；我们更是一次次用体制机制创新、一个个员工"幸福工程"，让"两个屋子的人"变成"一个屋子的人"，变成"一家人"，奏响了"一家人一起拼"的动人乐章，成为我们前进攀登的不竭动力源泉。

时代不会辜负每一个努力奋斗的人！我们曾经度过无数个不眠之夜，但是我们也看到了绚丽的霓虹和壮美的日出；我们曾经绞尽脑汁辗转反侧，但我们也体验到了"一子落而全盘活"的惊喜万分；我们也曾担心"跳一跳"能否摘到更大的果子，但真的努力去做了，我们竟然迸发出如此无限的创造力，不仅成为全国媒体融合先导单位，还摘取了中国新闻界的"皇冠明珠"——中国新闻奖！

每一次抵达，都是为了更好地出发。"下一站"，总会有更多精彩等待着我们。

感谢这个伟大的时代。时代是出卷人。我们牢记嘱托、感恩奋进，用实干交出一份高分答卷，不负时代，不负韶华。

感谢这座韧性的城市。一座有精神滋养的城市，激励我们一路敢闯敢试、唯实唯干、奋斗奋进、创新创优，在媒体融合改革中不断从头越、再出发、立新功。

感谢这个温暖的大家庭。五年来，大家同心同向同行，创造了很多精彩的瞬间，让无数作品绽放出耀眼的光芒，并且在融合中不断跨界出圈、出新出彩。追求卓越的融媒人一起，不仅走得快，而且走得远。

阔步迈进了媒体融合的"3.0时代"，乘着时代的东风和数字化浪潮，我们正在打造创意型媒体、数字化媒体、生态型媒体、智库型媒体和年轻化媒体，为昆山发声，让精彩不断发生。

弄潮儿定会相遇最美的浪花，追光的人终会到达诗和远方！

【作者系昆山市媒体中心（昆山传媒集团）党委书记、主任、董事长】